小塚荘一郎
Soichiro Kozuka

AIの時代と法

Eurus
Notus
Boreas
Zephyrus

岩波新書
1809

はしがき

人工知能（ＡＩ）が社会の中で広く利用されるようになり、近い将来に、私たちの生活や経済活動を一変させてしまうであろうという予想を、よく耳にするようになってきた。本書は、現在起こりつつあるこうした変化が、法の世界に、どのような問題をもたらすかを考え、それに対処していく道筋を描いてみたものである。

ＡＩの出現は、機械（コンピュータ）が人間の能力に置き換わっていくというイメージで語られるため、現象としては目につきやすい。しかし、社会の変化はＡＩ自体から生ずるものだけではない。ＡＩを有効に活用するためには膨大なデータのインプットが必要であり、このデータ利用の爆発的な拡大や、それがもたらすデータ（ビッグデータ）の価値の増大も、社会や法に対して大きなインパクトを持つ。本書では、狭い意味のＡＩに関する問題を超えて、そうしたデータにかかわる法的な問題をも多くとり上げている。題名を「ＡＩの時代と法」とした理由はそこにあり、ＡＩが普及する時代に生じてくる法の諸問題を広く論じてみようという意味である。

ＡＩの利用が普及し、データの価値が増大する時代に起こり得る社会の変化は、主として取引に着目すると、三つに分けて考えることができる。取引の形態に関する「モノ(の取引)からサービス(の取引)へ」という変化、取引の対象についての「財物からデータへ」という変化、そして取引ルールに関する「法／契約からコードへ」という変化である。本書は、第1章で、これらの変化が起こってくる背景について説明した後に、それぞれの変化が法に及ぼす影響を、まず、消費者や企業にかかわる法を中心に第2章から第4章で一つずつ取り上げ、分析している。その上で、国家と社会の関係を規律する法に対してこれらの変化がもたらす影響を、第5章でまとめて考える。第2章から第4章は、法学の中でも民事法(私法)と呼ばれる分野の問題であり、第5章は公法(経済法を含む)の分野の問題にあたる。

最後の第6章では、これらの分野すべてに横断的にかかわる法の基礎的な問題を掘り下げて検討している。「モノからサービスへ」、「財物からデータへ」、そして「法／契約からコードへ」という変化は、法に対して、直接的に対応を迫ると同時に、伝統的な法の考え方の基盤を揺るがし、場合によっては、その前提を掘り崩すようなインパクトを持っている。そのため、ＡＩの時代における法の変容を考えていくと、そもそも法とは何であったかという問題にまで行きつくことになるのである。

ＡＩの開発やデータの利用に関与される方々の多くは、法律の専門家ではない。そのことを意識して、本書では、法制度の仕組みや法の考え方について、ときには正確さを少し犠牲にしても、かみ砕いて説明することを心がけた。それと同時に、法を学ぶことにはどのような意味があるのかと疑問を持っている法学部や法科大学院の学生、あるいは法学部への進学を考えている高校生などには、「ＡＩを題材とした法学入門」として本書を読んでいただくこともできるのではないかと考えている。そこで、関係する法律の条文番号や判決の年月日などを本文中に引用することとした。判決の掲載誌は省略したが、大学で利用可能なデータベースなどで容易に調べられるであろう。

ＡＩやデータの利活用を取り巻く動きは速い。本書の内容は、おおむね二〇一九年前半までの状況をふまえて書かれている。その後も、グローバルなプラットフォーム企業の一角をなすフェイスブックが独自の仮想通貨を発行する構想を公表し、それに対して主要国の金融当局が規制のあり方を議論するなど、興味深い動きが起こっているが、加筆することは控えた。本書に述べた基本的な考え方がどこまで通用するか、将来、別の機会があれば検討してみたい。

目　次

第1章　デジタル技術に揺らぐ法

1　デジタル技術と人間の能力の拡張

エアラインとアバター

二〇一八年三月、ANAホールディングスが、羽田空港でアバター事業のコンセプト説明とデモンストレーションを行っていた。アバター(avatar)とは、もともとはインドのサンスクリット語で「化身」という意味だと言われるが、現代では、デジタル技術によって作り出される人間の「分身」のことを言う。ANAホールディングスは、二〇一八年度から二〇二二年度までのグループ中期経営戦略にアバター事業を盛り込み、そのお披露目をしたのであった。

アバターの開発を進めると、具体的に、どのようなことができるようになるのか。デジタル技術によって作られる「分身」とは、遠隔操作ロボットのような存在である。アバターには、センサーが取り付けられていて、そのセンサーが感知する情報が、オンラインのこちら側にいる「本人」の手元で、感覚として再現される。逆に、「本人」の側で端末を操作すると、その動きが、デジタル情報としてアバターに伝達され、アバターを本人が意図したとおりに動かすことができる。こうして、五感の感覚を伴った遠隔操作が可能になる結果、あたかもアバター

図1-1　アバター事業のお披露目イベント　左：2018年3月に羽田空港で行われたコンセプト説明，右：デモンストレーションの様子（提供：ANAホールディングス株式会社）

が置かれている場所に本人がいるかのように、空間を超えて活動することができるというわけである。当日は、リアルな「引き」の感覚を感じながら遠隔操作で釣りをするシステムや、水族館内のアバターに接続して、ジンベエザメが泳ぐ水槽の前をアバターが動きまわる様子などが披露された。

飛行機に乗るのは世界の人口の六％

ＡＮＡホールディングスは、言うまでもなく、日本のエアラインＡＮＡ（全日空）を傘下に持つグループ持株会社である。エアラインのグループが、なぜアバター事業に乗り出すのか。ＡＮＡホールディングス自身の説明によると、飛行機の利用者は世界の人口の六％程度にすぎないため、アバターの技術によって、残る九四％の人々をつなぎたいという想いからであるという。たしかに、アバターは、物理的には遠く離れた地点で行動しているかのような効果を実現するので、人間が一瞬のうちに空間を超えて移動する技術と同じ効果を持つ。その意味で、アバター事業は、飛行機によって乗客を移動させる航空業の延長線上にあるとも言える。そして、飛行機による移動の普及が、ビジネスの範囲を拡大したり、海外旅行を通じて人間の生活を豊かにしてきたとすれば、これまで飛行機に乗る機会のなかった人々にアバターを利用してもらい、その活動範囲を広げることは、より多くの人々の生活を豊かにするという意味を持つであろう。

図1-2　アバターを用いた水族館の鑑賞(提供：ANA ホールディングス株式会社)

たとえば、沖縄県の美《ちゅ》ら海水族館は、ANAのアバター実証実験のパートナーとなっており、ANAのアバターを用いた実証を行っている。このアバターを利用すれば、沖縄まで行かなくとも、水族館の中を歩き回り、ジンベエザメをはじめとする展示を鑑賞することが可能になる。過疎地の小学校で、沖縄まで修学旅行に行くことが難しいときにも、先生が授業中にアバターを使わせれば、子供たちは水族館の見学ができる。水族館が閉館した後、真夜中に、時差を利用した「アバター向けの開館」を行って、たとえば地球の裏側のブラジルから、アバターを使った見学をすることも可能であろう。

あるいは、地域振興に応用することも考えられる。たとえば、地方の特産品を集めた専門ショップにアバターを置いて、世界中から「来店」してもらうというアイディアはどうか。アバターの目（カメラ）や手（センサー）でじっくりと品定めをした来店者は、気に入った商品を注文できる。あとは、ショップから商品を発送すればよいだけである。こうして、アバターは、世界の人々の距離を縮め、社会の結びつきを、より緊密にする。

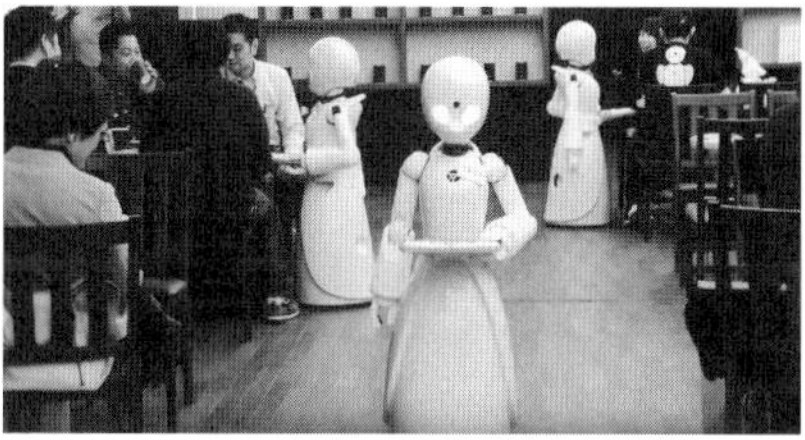

図1-3　ALSの患者がアバターで働いている様子（提供：ANAホールディングス株式会社）

人間の能力の拡張

アバターは、距離を超えるだけではなく、人間の限界も乗り越える。障害を持った人も、アバターを使えば、肉体的な制約を超えて活動することができる。実際に、ANAのプロジェクトでは、ALS（筋萎縮性側索硬化症）の患者の方々がアバターを使ってカフェで「働く」という実験を行った。ALSが重度に進行すると、患者の方々はベッドに寝たきりになり、目を動かすことしかできなくなる。その唯一残された目の動きをセンサーでとらえ、信号として端末に送信して、端末の操作を可能にするという技術がある。この技術を使って端末からアバターを動かすと、カフェでアバターが「働いて」、コーヒーをテーブルに運ぶことができる。こうして、アバターを通じて働いたALS患者の方には給料が支払われたので、日ごろはベッドに仰向けで寝たままの患者の方々も、自分で働いて、報酬を手にするという経験ができたという。

このように、ANAのアバターは、技術によって人間の能力を拡張する試みである。そこには、ロボティクス(ロボット工学)やセンサー、拡張現実(AR)・仮想現実(VR)などさまざまな技術が使われている。それらは、現実世界に関するデータをデジタル化し、通信により活用するという技術なので、(技術的には非常に不正確な言い方であるが)「デジタル技術」と総称しておこう。そうしたデジタル技術が急速に成長し、発展する中で、人間に与えられた能力が、いままでは当たり前に思われていた距離や物理的条件などの制約を超えようとしている。ANAのアバター事業は、それを象徴的に示したプロジェクトであると言えよう。

アバターに、いわゆる機械学習を活用することも検討されている(機械学習については、次に紹介する)。関係者は、それを、人間の身体が自然に反応するようなものだと説明する。たしかに、人間も、熱いものに触れた手を慌てて引っ込めるとか、よろけそうになった時に手を出して体を支えるなど、考える前に反射的な行動をとる場面は少なくない。そして、自転車の乗り方などの一度習得した動きは、「身体が覚えている」などと言われ、ずっと練習などしていなくとも身についているということがある。アバターが機械学習する動作とは、おそらくそういうものであろう。実際に、アバターの操作をしてみると、ほかの物体に衝突しそうになったときは、操作している人間が特に停止の指示を出さなくとも停止するようになっている。「（アバターの）身体が覚えている」のである。

人工知能（ＡＩ）の第三次ブーム

機械学習を利用しているといっても、ＡＮＡのアバターは、人間のコントロールを離れて自律的に作動するロボットではない。その意味で、最近、しばしば話題になる人工知能（ＡＩ）とは、一線を画している。ＡＩについては、それが人間に置き換わる能力を持ち、人間と対抗する存在になっていくというイメージもあるが、アバターは、あくまでも現実に生きている人間の能力を拡張するものとして構想されており、人間に置き換わり、その存在を脅かすものではないのである。

ここで、ＡＩについて、簡単に整理しておこう。ここ数年、ＡＩを社会の中で活用する可能性に対する期待がかつてないほどに高まり、一部は実際に利用されるようになった。これは、歴史上三回目の「ＡＩブーム」だと言われることがある。最初のＡＩブームは、一九五〇年代の後半に始まり、人間にしかできないと思われてきた課題（たとえば大学生レベルの計算問題や迷路のようなパズル）を解決できるコンピュータが、次々に開発された。しかし、問題が複雑になるとコンピュータの処理能力をオーバーしてしまうことが認識され、一九七〇年代までには、ブームは下火になった。第二次ＡＩブームは、一九八〇年代に入り、日本が、アメリカのＩＢＭに追いつき、追い越すことを目標として第五世代コンピュータの開発プロジェクトを推進したころに始まったとされている。この時期には、さまざまな分野に特化して、あらかじめプログラムされた法則にしたがった解答を導き出すエキスパート・システムが開発された。しかし、当時の大型コンピュータは、ネットワークに接続されていなかったことなどから、処理能力にやはり限界があり、一〇年足らずで再び壁に突き当たった。

これに対して、二〇〇〇年前後から始まったとされる第三次ＡＩブームのコンピュータは、人間の脳の働きをモデルにしたニューラル（神経）・コンピューティングを取り入れている。ニューラル・コンピューティングの研究そのものは、一九五〇年代にさかのぼる歴史を持っているが、現在の技術は、単純に問題と正解（インプットとアウトプット）を学習させるのではなく、その間にいくつもの中間階層を設けることで、隠れたパターンを認識させるという点に特徴がある。これが、深層学習（ディープ・ラーニング）と呼ばれる技術である。コンピュータ自らが既存のデータを解析し、正しい解答を導くための法則を発見していくという点が特徴的であり、その結果、コンピュータが自分で学習していくような外見を呈するので、一般的には「機械学習」と呼ばれる。音声認識や機械翻訳など、最近のAIブームの中で実用化が進んでいるものには、この深層学習を利用した事例が多い。

AIは人間を超えるか

第一次ブームや第二次ブームに比べて格段に進歩したといっても、現在のAIは、まだ、限られた課題に特化した能力を持つだけにすぎない。また、それは、問題と正解（インプットとアウトプット）を関連づけているだけで、本当の意味で人間と同じように問題を解いているわけでもない。これを「弱いAI」と呼ぶことがある。これに対して、いつかは、人間と同じように意識や感情を持ち、これまでに学習したことがない問題をも自ら解決できるような「強いAI」が誕生するという予測もある。さらに、AIの能力が加速度的に向上してきたことから、このままのペースで開発が進むと、AIが人間の能力を超える時が来ると予想する意見も示されている。そのような予想の中では、ＡＩが人間の能力を超える時点を「シンギュラリティ」と呼ぶ。こうなると、アバターのように人間の能力の拡張ではすまない可能性が出てくる。ＡＩが人間に置き換わり、ＡＩのために人間の職業や生活が奪われるという事態にもなりかねない。

もっとも、「強いＡＩ」や「シンギュラリティ」が本当に実現するかどうかは、専門家の間でも意見が分かれている。重要な点は、そこに行きつく以前にも、社会は大きな変革を経験するであろうということである。ＡＩがいつまでも「弱いＡＩ」にとどまり、人間と同じように「考える能力」を獲得する時は来なかったとしても、アバターが衝突防止のために動作を学習する場合のような「判断する能力」を持つだけで、自律的な動くロボットや自動運転の機能を持つ自動車などが実用化され、社会は大きく変化するであろう。そして、次々に実用化される機械学習などのデジタル技術は、二〇世紀の科学技術が、エネルギーとして、それまでの石炭に代わって石油を利用し、社会の変化を推し進めたように、データのインプットを大量に要求し、いわばデータを消費して発達していく。そのため、「データは新時代の石油(new oil)である」と言われるようになった。

このように社会が大きく変化するとき、社会を支える法もまた、確実に、変化に対応することを迫られる。具体的に、デジタル技術の発展と社会の変化は、どのような点で、法に対応を迫るのか、また、法の側では、求められる対応をとるための十分な用意ができているのか。本書では、これから、そのような問題を考えていきたい。

2　法制度に対する期待と不満

法は技術に追いついていないのか

テクノロジーが人間の可能性を大きく拡大しようとするとき、しばしば、「法が技術に追いついていない」と言われる。たしかに、従来の技術を前提に作られている法制度は、新しいテクノロジーを活用しようとする上で、障害となる場合がある。

例として、自動運転の技術をとり上げよう。自動運転については、自動運転がまったく取り入れられていないレベル0（運転者がすべての動作を実行する段階）から、レベルを六段階に分けて考えられることが多い。もともとは、アメリカの自動車技術者協会（Society of Automotive Engineers: SAE）という団体がつくったレベル分けであるが、アメリカの運輸省に採用され、日本政府も、平成三〇（二〇一八）年四月に公表した『自動運転に係る制度整備大綱』で、これに準

表1-1　自動運転レベルの定義

レベル	名称	定義概要	安全運転に係る監視，対応主体
0	運転自動化なし	運転者が全ての動的運転タスクを実行	運転者
1	運転支援	システムが縦方向又は横方向のいずれかの車両運動制御のサブタスクを限定領域において実行	運転者
2	部分運転自動化	システムが縦方向及び横方向両方の車両運動制御のサブタスクを限定領域において実行	運転者
3	条件付運転自動化	システムが全ての動的運転タスクを限定領域において実行 作動継続が困難な場合は，システムの介入要求等に適切に応答	システム（作動継続が困難な場合は運転者）
4	高度運転自動化	システムが全ての動的運転タスク及び作動継続が困難な場合への応答を限定領域において実行	システム
5	完全運転自動化	システムが全ての動的運転タスク及び作動継続が困難な場合への応答を無制限に（すなわち，限定領域内ではない）実行	システム

拠することとした。この『制度整備大綱』は、高度情報通信ネットワーク社会推進戦略本部の官民データ活用推進戦略会議が策定したものである。その中に掲げられた「自動運転レベルの定義」の表を、少し簡略化して掲げると、**表1-1**のようになっている。

このうち、レベル4（高速道路上など特定の領域に限って、自動運転システムがすべての動作を実行する段階）や、レベル5（場所を限定せず、自動運転システムが無制限にすべての動作を実行する段階）は、法律の改正がなければ、実現できないとされている。現在の法律にどのような問題があるかというと、道路上を自動車が走行する際のルールを規定している道路交通法に、「車両等の運転者は、当該車両等のハンドル、ブレーキその他の装置を確実に操作し、かつ、道路、交通及び当該車両等の状況に応じ、他人に危害を及ぼさないような速度と方法で運転しなければならない」という規定があることである（道路交通法七〇条）。この規定により、自動車には「運転者」が乗っていることを前提に、その運転者が、ハンドルやブレーキを操作することが必須とされているわけである。レベル４の自動運転車では、限定領域の中では、運転者はハンドルなどの操作をしないので、道路交通法のこの規定の違反になってしまう。まして、レベル５の自動運転車の場合、運転者がそもそも乗っていない可能性もあるから、この規定が存在する限り、日本では、公道上の走行は認められる余地がない。なお、自動運転技術の実証実験が公道上で行われる場合もあるが、それは、道路交通法にもとづく自動車の走行ではなく、道路を使ったイベントなどと同じように位置づけて、「道路使用許可」によって実施されている。

それならば、一刻も早く道路交通法を改正すればよさそうなものであるが、それも簡単ではない。その理由は、道路上の車両の走行に関するルールは国際条約が取り決めているからである。世界には、そのような国際条約が二つあるが、そのうち、日本が締結している一九四九年ジュネーブ道路交通条約（正式の題名は「道路交通に関する条約」。昭和三九年条約一七号）は、「車両……には、それぞれ運転者がいなければならない」と正面から規定してしまっている（八条一項）。そのため、まずジュネーブ条約が改正されなければ、道路交通法の改正に踏み切るわけにはいかないというわけである。この問題の場合、たしかに、日本の法律と、その前提となっている条約が、自動運転技術の実用化にとって障害になっていると言えるであろう。

「トロッコ問題」と責任ルール

技術開発の現場から法律家に対する声の中には、少し性質の違ったものもある。それは、法律のルールが明確ではないので、技術開発を進めること、あるいは実用化に踏み出すことについて、不安が残るという指摘である。これは、特に、法律上の責任に関して言われる場合が多い。

ＡＩの開発に関して、いわゆる「トロッコ問題」がよく論じられることは、この点と関係がある。「トロッコ問題」とは、もともとは、解決が困難な哲学上の問題として提起されたもので、簡単に述べると次のような問いかけである。

「ブレーキのついていないトロッコが走り出してから、線路上で五人の作業員が作業をしていることが発見された。このままトロッコを走らせると、その五人を轢いてしまう。手前にポイントがあり、そのポイントを切り替えると、トロッコは枝線の方に入っていくが、枝線の線路上には、別の作業員が一人作業をしており、今度はそちらを轢いてしまう。この時、どのような行動をとればよいのであろうか。」

この問題を最初に提起したイギリスの哲学者フィリッパ・フット教授は、ポイントを切り替えて犠牲者が少ない方を選択するという判断に疑問はないと考えていた（むしろ、そのことを前提として、さらに困難な判断を求められる状況との比較を進め、最終的に人工妊娠中絶が許される場合について考察した論文である）。その後、同じ問題がアメリカの法律雑誌でとり上げられた際も、ポイントを切り替えて犠牲者の数を減らす方を選ぶという結論に異論を唱える者はいないと書かれている。しかし、ＡＩの開発に従事するエンジニアにとっては、これは、単なる哲学上の問いかけでは終わらない。トロッコをＡＩに置き換えたとき、このような問題に直面したＡＩが、犠牲者の数が少ない方を選択して、結果的に、一人の人が亡くなることを許容するようなプログラムを書いてよいかを、エンジニアとしては決めなければならないからである。

法律家から見たトロッコ問題

しかし、不幸にして現実にこのような事故が起こり、ＡＩの選択によって一人の犠牲者が出た場合、「五人が犠牲になる事態を回避したのだからよかった」という議論にはならないであろう。法律的に、「犠牲者が一人でも少なくなる事態の方を選択するというプログラムが組まれていれば、それ以上、誰も責任を追及されることはない」というルールをあらかじめ作ってほしいと言われても、それは、不可能である。

犠牲になった一人の遺族から相談を受けた弁護士は、たとえば、ここまで追い詰められた状況を作り出したことについての責任を負う者がいるはずだという議論を考えるかもしれない。たしかに、トロッコの運行者（線路を含む施設の設置・管理者）には、ブレーキがないトロッコが走行する際には線路上に人が立ち入れないようにしておく義務があると言えるであろう。作業員が作業をする際には、トロッコが走り出さないように確認し、安全措置を講じておかなければ、管理者には注意義務が認められると考えられる。あるいは、ブレーキのないトロッコという機器自体が、社会通念に照らして安全性を欠いた「欠陥製品」であるという主張のもとに、トロッコのメーカーには製造物責任があるという議論も十分に成り立つ。

すでに指摘したとおり、「トロッコ問題」は、もともとは哲学の議論であった。哲学の問題としては、極限的な状況を設定して、そこではどのような選択が取られるべきか、そしてそれはどのような理由によるのか、といった点を議論することに意義がある。しかし、法は社会の中の制度なので、具体的な状況の中で、そして、特定の当事者に関して議論が組み立てられる。この事例で言えば、被害者と被害を防げたかもしれない管理者やメーカーが「当事者」であるが、ほかにも、行政や警察の責任なども問題になるかもしれない。

法は、特に損害賠償責任などに関する場面では、そうした具体的な状況に適用して結論を導く筋道としてのルールを定めているのであって、特定の事項さえ守っておけば、どのような状況になっても責任は発生しない、といったシンプルな基準になることは、ほとんど考えられない。それは、法が技術に追いついていないからではなく、むしろ、技術がどのように発展しても、またどのような想定外の事態が出現しても、社会の中で納得されるような解決を導くために、法が持っている本来的な性質なのである。

社会の変化と法の考え方

それでは、ＡＩをはじめとするデジタル技術の発展に対して、法はそれに「追いつく」努力をする必要がないのかと言えば、決してそうではない。技術の進化は、単に科学技術を進歩させるだけではない。それが具体的な製品やサービスの形に実用化されると、社会や生活が大きく変化していく。技術革新(イノベーション)についての理論を確立したことで知られる二〇世紀前半の経済学者シュンペーターは、「イノベーション」という概念の中に、狭い意味での科学技術の変革だけではなく、生産方法のイノベーションや、原料供給源や販売先(現代的に言えばサプライチェーンやマーケティング)のイノベーション、さらには企業組織のイノベーションを含めて論じている。逆に言えば、技術の進歩は、社会の変化につながってはじめて、本当の意味の革新(イノベーション)と言える。

このとき、社会が変化すると、新しい社会状況の下で起こる法律上の問題も、種類や内容が変わってくる。法の側では、そのようにして新しく発生してくる問題に対して、適切な解決を導き出すための枠組を用意しなければならない。その意味で、「法が技術に追いついていない」という指摘は、「法が(技術の進化によってひき起こされる)社会の変革に追いついていない」という問題として読み替える必要があるのである。そして、法が社会の変革に追いつくためには、まず、テクノロジーの進化がどのような社会の変化をもたらしているかを正しく理解しなければならない。その上で、そのような社会の変化が、現在の法的な枠組では十分に受け止められない問題を発生させているのではないか、を考える必要がある。このように考えることで、法が変革を迫られている問題点が明らかになってくるのである。

ＡＩを中心として進んでいるテクノロジーの進化は、経済活動に対して、少なくとも三つの点で変化をもたらしつつある。まず、すぐに気がつくことは、経済活動の重点がモノからサービスへと移行していくという変化である。もちろん、日常生活からモノがなくなるわけではない。しかし、たとえば、スマートフォンの便利さは、さまざまなアプリをダウンロードして、それを通じたサービスを利用できるところにある。そこでは、電話機（携帯電話）というモノとしての重要性は、非常に小さくなっている。これはすでに実現した変化であるが、それと同じような変化が、今後、自動車やＡＩスピーカー、住宅設備などで起こってくると予想される。たとえば、レベル４やレベル５の自動運転で運行される自動車は、「運転制御が人間に依存しなくなった車両」ではなく、「パソコンに動力装置と車輪がついて走行する端末」になっていくであろう。

このようにして提供されるサービスが、しばしば、閲覧履歴などのデータを利用していることも、よく指摘されている。「ビッグデータ」という言葉が経済誌に躍り、「データは新時代の石油である」という言い方も、すっかり知られるようになった（ビックデータにかかわる問題については、第3章で詳しく考える)。これは、経済取引の対象として、財物の比重が下がり、データ(情報)の重要性が増大していくという変化を意味する。この変化と、モノからサービスへという第一の変化は、一見すると似ているが、問題の切り口が違っている。第一の変化は、どのようにして便益が提供されるかという取引の「形態」の問題であって、正確には、「モノの取引からサービスの取引へ」という変化である。これに対して、「財物からデータへ」という第二の変化は、どのようなものに経済的な価値が見出されるかという取引の「対象」の問題であると言える。

第三の変化として、データを中心とした取引が、モノの形をとらずに行われるようになると、取引のルールは技術的な仕組みによって決まってしまう部分が大きくなる。パソコンやスマートフォンなどで、OSのバージョンを新しくしたとき、それまで使っていたアプリが動かなくなってしまい、不便な思いをした経験のある人も多いだろう。デジタル技術以前の時代には、物をいつまで使ってよいかといった取引のルールは契約によって決まっていた。自動車を買った場合には、売買契約によって所有権が移転されるので、自分で廃車にするまで乗り続けることができるし、図書館の本を借りたときに「また貸しをしない」「書き込みをしない」といったルールは、意識はしていないかもしれないが、図書館の利用契約にもとづく利用の条件である。ところが、テクノロジーが社会生活に深く入り込んでくると、契約でどのように定められているかによらず、技術的に「使えない」「見られない」という状況が発生し、ユーザーには、それ以外の選択肢がなくなってしまうのである。このように、取引の「ルール」は、「契約から技術へ」と変化していく。契約の効力は法にもとづいているから、この変化は「法から技術へ」と言ってもよいであろう。

これら三つの変化は、テクノロジーの革新がもたらす経済活動の変革であるが、そうした変革は、必然的に、経済活動の担い手である企業のあり方を変えていく。すると、その先には、国家と企業の関係の変革が続くであろう。国家は企業活動を規律したり、規制したりしようとし、企業は、国家に対して協力しながら、同時にその規制を逃れようとする。そのような関係の中で、国家と企業は、自由放任の時代から企業の国有化へ、あるいは巨大企業の分割も辞さない政策から規制緩和による参入競争へと、歴史上、何度もパワー・バランスを変化させてきた。テクノロジーが経済活動とその担い手である企業を大きく変革していく時代には、企業と国家のパワー・バランスも、また新たな展開を見せると予想される。

法の大変革期

本書の第2章から第5章では、テクノロジーの進化がもたらすこのような変化から、法の理論が、どのような変革を迫られることになるかを考えてみる。これから一〇年ないし二〇年の間に法が経験する変革は、おそらく、一九世紀末から二〇世紀初めにかけての法の発展に匹敵する大きさになると思われる。

一九世紀末から二〇世紀初めの時代も、技術革新が社会を大きく変化させた時期であった。鉄道や蒸気船が実用化され、二〇世紀に入ると飛行機も急速に発達して、人と物の移動が飛躍的に増大した。エネルギーの面では、石炭に代わって石油が主役となり、また、電信や電話の発明により通信手段も急速に発達した。イギリスやフランスを急成長するドイツやアメリカ、さらには日本が追う形で、主要国の重工業化が進み、それによって、企業経営者と工場労働者の関係などの社会問題や、巨大企業による経済の支配という独占問題、そして経済の重要な担い手となった大企業の経営支配構造(コーポレートガバナンス)などが新しい問題として認識されるようになっていったのが、この時代である。

そうした変化を背景に、たとえば責任の分野では、鉄道や航空機、ボイラー設備など、当時の人々には新しく、危険な技術と受け止められたものについて、事故が発生した場合には過失の有無を問わずその運用者（鉄道会社や航空機の運航者など）が責任を負うという法制度（危険責任制度）が、ドイツなどで導入された。また、ヨーロッパ諸国では社会問題への対応として労働法（当時の表現では「社会法」）が論じられるようになり、アメリカでは巨大企業の独占を規制する手段として反トラスト法（日本の独占禁止法にあたる法律）が作られるなど、伝統的な法の体系にはなかった新しい法の分野も生まれていった。このような変革は、一九世紀初めに、フランスで編纂されたナポレオン法典が確立した近代法を、現代法へと変容させる動きであったと言えるであろう。

それ以降、言うまでもなく二〇世紀後半にもさまざまな法の発展は見られたが、現代法の骨格は、一〇〇年以上にわたって維持されてきた。それが、テクノロジーの進化と、その結果としてひき起こされる社会の変化によって、再び、大きな変革の時代に突入しつつある。その様子を、これから、見ていくことにしよう。

第2章　AIとシェアリング・エコノミー

——利用者と消費者の間

1　消費者がモノを持たない時代

無人配車サービスの実験

世界各国で自動運転の開発と実験が続けられている中で、日本の日産自動車とＤｅＮＡは、「Easy Ride」というプロジェクト名で、興味深い実証実験を行っている。二〇一八年三月が初めての試みで、二〇一九年の二月〜三月には、第二回の実証実験が行われた。プロジェクトのウェブサイトでは、実験の様子を紹介する動画が公開されている。

Easy Rideが目指しているサービスは、自動運転による自動車を用いた配車サービスである。運転手のいないタクシーといえばわかりやすいかもしれない。車両を呼びたいユーザーは、スマートフォン上のアプリを使って配車を申し込む（実証実験なので、実際のユーザーは、応募してきたモニターである）。各車両は、安全確保のため管理センターのモニターで監視されているが、運転は自動で行われており、遠隔操作されているわけではない。なお、現段階では、緊急時に備えて、ハンドルには手を触れないものの、運転手が乗車しているようである。

この実証実験は、自動車産業の将来について、重要な点を示している。それは、自動運転の

図 2-1　Easy Ride 実証実験　①実証実験に使われた無人運転車両，②ユーザーのスマートフォン画面，③スマートフォンによる開扉，④管理センターの様子(提供：日産自動車株式会社，株式会社ディー・エヌ・エー)

技術が完成していくにつれて、自動車を個人で持ちたいというニーズは減っていくであろうということである。もちろん、超高級車などをステータスとして所有したいというユーザーも、一定数は残るであろう。しかし、いわゆるレベル5の自動運転車（システムによる動作の制御が無制限に行われる自動車）が普及する時代には、一般のユーザーにとって、自動車は所有するものではなくなると予想される。自分が操作しない自動車は、使わない時間にも「モノ」として所有しておく必要がなくなるからである。こうして、自動車は、一家に一台あるいは一人に一台として所有される「モノ」ではなく、移動のために利用する「サービス」になる。このような見方が支配的になるにつれて、自動車業界では、ＭａａＳ（Mobility as a Service）という言葉が急速に広まりつつある。これは、直訳すれば「サービスとしての移動」という意味であるが、自動車メーカーは、自動車という「モノ」を作るのではなく、消費者に対して、自動車に乗って移動するという「サービス」を提供する業態へと変わっていく、という将来の見通しを表現する言葉である。

音楽とコミックで起こったこと

同じような変化は、すでに音楽について経験されてきた。一九七〇年代頃までに生まれた読者は、好きな楽曲のレコードを買った経験を持っているであろう。レコードはやがてCDになったが、「モノ」を所有するという形態に変わりはなかった。ところが、いまでは、音楽は配信サービスを通じて聞くものになり、CDというモノは必要がなくなってしまった。音楽を楽しむ上で、レコードやCDというモノを所有することは、本質的ではなかったのである。現在も、CDが一定の売り上げを記録しているが、そのうちかなりの部分は、コンサートや握手会などの応募券を目当てにした購入ではないかと思われる。

音楽に続いて、モノの所有から配信サービスへの変化を経験した業界は、コミック（漫画）である。かつて、都市圏の通勤電車では、何人もの乗客がコミック誌を読んでいる光景が当たり前であった。二〇一八年には、電子コミックの売り上げは二〇〇〇億円を超え、コミックの単行本とコミック誌を合計した売上額の二四〇〇億円に近付きつつある（公益社団法人全国出版協会・出版科学研究所調べ）。実際に、通勤電車の中を見回すと、ほとんどの乗客はスマートフォンに目を落としており、電子コミックを読んでいる人も少なくない。好きな作品を全巻揃えることに満足を感じるとか、著者のサインをもらって大切に持っておくといった付加価値がある場合を別にすれば、紙の書籍を所有するということには必然性がなくなってしまったのである。

自動運転車をはじめ、ＡＩを組み込んだ高度な装置が普及すると、音楽やコミックで起こった変化が、大規模に発生することになる。ところが、その変化は、法にとってなかなか困った問題をひき起こすのである。

物の取引を中心にした法の体系

モノからサービスへの変化がなぜ法にとって困った問題であるかというと、法は、物の取引を中心として組み立てられているからである。日本の民法には、代表的な契約類型として一三種類の契約に関する規定が置かれている。これは、法学の教科書では、「典型契約」と呼ばれているが、売買契約は、その中でも代表的な契約類型と位置づけられている。大学の法学部や法科大学院での教育でも、また司法試験に合格した司法修習生を教育する司法研修所でも、売買契約については、必ず、詳しく教育される。もちろん、現実の売買契約は、当事者間の契約の中にさまざまな条項が書き込まれ、いわばカスタマイズされているのであるが、法律家であれば、売買契約と聞いたときに一定の標準的な内容をすぐに思い浮かべることができ、個別的な契約条項は、それを修正したり変更したりするものとして理解できる。

ところが、CDや書籍が配信サービスになると、その取引は、音楽やコミックという著作物の利用に関するライセンス契約(利用許諾契約)になる。ライセンス契約については、民法にも著作権法にも規定が置かれていない（利用許諾にもとづく権利の一種である出版権については、著作権法に若干の規定がある）。そのような事情もあり、売買契約と違って、著作物利用許諾契約の標準的な内容について、共通の理解があるとは言いづらい。

売買契約であれば、売主の最も基本的な義務は、売買の目的物を、相手方である買主に対して引き渡すことである。商品の引き渡しとは、普通の商品の場合は、物理的に渡すこと、あるいは届けることであり、法律的に言えば、占有の移転を意味する。ただし、自動車のように登記が必要な物の場合には、登記の完了までが売主の義務になる。どちらの場合も、引き渡しを受けた目的物は、買主にとって「自分のもの」になる。

これに対して、電子的なコンテンツの配信サービスの場合、配信者の基本的な義務は、著作物の利用を認めること（利用の許諾）でしかない。いつ、どのような形での利用が認められるのか、その利用に条件が付くのか付かないのかなどは、すべて個別の契約で取り決められて、個個の場合ごとに決まってくる。たとえば、二〇一九年の四月に、アメリカのマイクロソフトが、Microsoft Storeでの電子書籍販売を終了すると公表した。このとき、これまで電子書籍を「購入」し、ダウンロードしていたはずのユーザーも、電子書籍を読めなくなるという事態が発生したのである。マイクロソフトは、読めなくなってしまう電子書籍の代金を返金する対応をとったが（電子的に書き込みをしていて、それが消えてしまうユーザーには、一二五ドルを上乗せした）、あとで読もうと思っていた電子書籍があっても、もう読むことはできない。結局のところ、電子書籍の「販売」といっても、法的には売買契約ではないために、書籍は「自分のもの」ではなかったというわけである。

サービス提供契約の内容

民法に定められた典型契約の中で、サービスの提供について基本的に適用されるものは、請負契約と委任契約である。請負契約は、請負人が「仕事の完成」を引き受ける契約を言う。建物の建築契約や、船舶の造船契約などが代表的な例である。「仕事の完成」が内容であるから、サービス提供契約の中で、提供されるサービスの内容が確定できるものはこれにあたる。

もう一方の委任契約は、委任者が、事務処理を他人に委託し、委託された他人（受任者）がそれを引き受けるという契約である。厳密にいえば、委託される事務が契約などの「法律行為」である場合が本来の委任契約であり、法律行為以外の事務を委託する場合には準委任と呼ばれる。旅行代理店に手配旅行を依頼し、フライトやホテルの予約を任せる契約は委任契約であり、税金の申告を税理士に依頼する契約などが、準委任契約の例である。通信業界では、インターネットの接続スピードなどについて、結果を一〇〇パーセント保証するのではなく、一定の水準が達成されるように最善の努力を尽くすという、いわゆる「ベストエフォート」のサービスが多いが、これは、「仕事の完成」を約束したとは言えないから、請負契約ではなく、(準)委任契約になる。

請負契約の場合、完成させようとする「仕事」の内容が特定できれば、法的な議論はわかりやすい。Easy Rideのプロジェクトが提供する自動運転車の配車サービスで言うと、注文で指定された特定の地点から目的の地点まで移動させることが「仕事」である。請負の中でも、このように、乗り物を使って人や貨物を移動させる契約は運送契約と呼ばれ、民法ではなく商法に規定がある。とはいえ、人の移動を引き受ける旅客運送契約について、商法に置かれた条文の数は少ないので、結局は、契約の中でどのような取り決めがなされているかにより、サービスの内容は大きく変わってくる。たとえば、自動運転車が目的地に行くまでの間に立ち往生してしまった場合、そこでサービスは終了になるのか(乗客は降車して、料金の返金などの問題になるのか)、それとも代替車両が配車されてきて、それに乗り換えるのかなどは、「配車サービスは運送契約である」と言っただけではわからない。自動車の売買であれば、基本的には、目的物である自動車が買主に引き渡されれば、それ以降は買主のリスクになるが(ただし、品質に関して「契約の内容に適合しない」と言えれば売主の責任が発生する）、取引の形態がモノからサービスへと変わることで、契約内容を読んでみなければわからないことが増えるわけである。

エッジコンピューティングとクラウドコンピューティング

モノの取引がサービスの提供になるという変化と関連して、サービスとして提供される情報処理が、端末上（エッジ）ではなく、クラウド上で行われるようになるという変化も進んでいる。いままでは電卓を使う機会も少なくなったかもしれないが、卓上式の電卓は、その中ですべての計算を実行している。これが、電卓という端末（エッジ）で計算処理を実行するエッジコンピューティングである。この場合、処理の能力は、電卓という端末に搭載されているメモリや演算装置などの能力によって制約される。しかし、端末がインターネットなどで相互に接続されていれば、ユーザーの要求が大きくなり、一台の端末で処理できる量を超えてしまっても、接続されている他の端末の能力を借りて処理することが可能になる。これを実用化したものがクラウドコンピューティングで、クラウドサービスの提供者が大容量のコンピュータを用意し、ユーザーは、必要な都度、その一部にアクセスして必要な処理を行う。たとえば、グーグルは世界で月間ユーザー数が一五億人に達したGmailのために、全世界にサーバーを置いていると言われる。ユーザーは、Gmailでメールを送受信するたびに、そのどれかにアクセスしているわけである。

エッジコンピューティングからクラウドコンピューティングへの変化は、AI技術が進むだけではなく、AIを利用した端末がネットワークに接続され、高速の通信によってクラウド上のコンピュータと通信できるようになることから起きてくる。そうした高速の通信は、5Gと呼ばれる次世代のモバイル（移動）通信システムが普及すると、ますます一般化するであろう。5Gでは、データ通信が現在よりも高速、低遅延で実行でき、また、より多くの端末による同時接続が可能になる。日本では、二〇二〇年の実用開始を目指して、準備が進められている。

5G通信を利用する事例の一つとして、医療の分野では、遠隔診療システムの導入が期待されている。図2-2のように、5Gによってネットワークに接続された移動診療車が、総合診療や検診用の医療機器と4Kのテレビ会議システムを積んで、診療のため僻地などに行く。搭載されている医療機器の中には、4Kの解像度を持つ接写カメラやエコーなど、精度の高い医療画像を送ることができる機器が含まれている。移動診療車には総合診療科の医師が乗っていて、機器を使いながら患者の診断と治療にあたるが、専門的な判断を必要とするときは、テレビ会議システムを通じて総合病院の専門医師とコミュニケーションをとり、サポートを受ける。

僻地に住んでいる患者は、遠い場所にある総合病院まで行かなくとも、専門医師による高度な医療が受けられるわけである。このような5G移動診療車による遠隔医療は、すでに実験が進められている。

5Gの通信は、ネットワークとの間の通信速度が十分に早く、また通信の品質もよいので、将来的には、専門医師による診断の一部にAIを導入することもできるようになるであろう。その場合は、ネットワークの向こう側(クラウド上)のAIが、5G端末から医療データを読み込み、診断を下すという形態になると思われる。患者の診療を行う医療機関の立場で言えば、医療診断用のAI装置というモノを購入して移動診療車に搭載するのではなく、端末を通じて利用できるAI診断サービスを、一定期間ごとに契約(サブスクリプション)するわけである。

サブスクリプション型の取引は、クラウドと通信する時間が許容できない場合には、導入のハードルが上がる。たとえば自動運転の場合には、歩行者が飛び出してきたときなど瞬時に反応する必要があるため、自動車の車内にあるコンピュータで情報処理を行う必要性が大きいと考えられている。つまり、まだエッジコンピューティングに依存する程度が高い。道路に沿って自動運転車と通信するポイントを敷設し、常時、短時間での通信が可能になれば状況は変わっていくかもしれないが、全国、さらに言えば全世界の道路沿いに通信インフラを設置してい

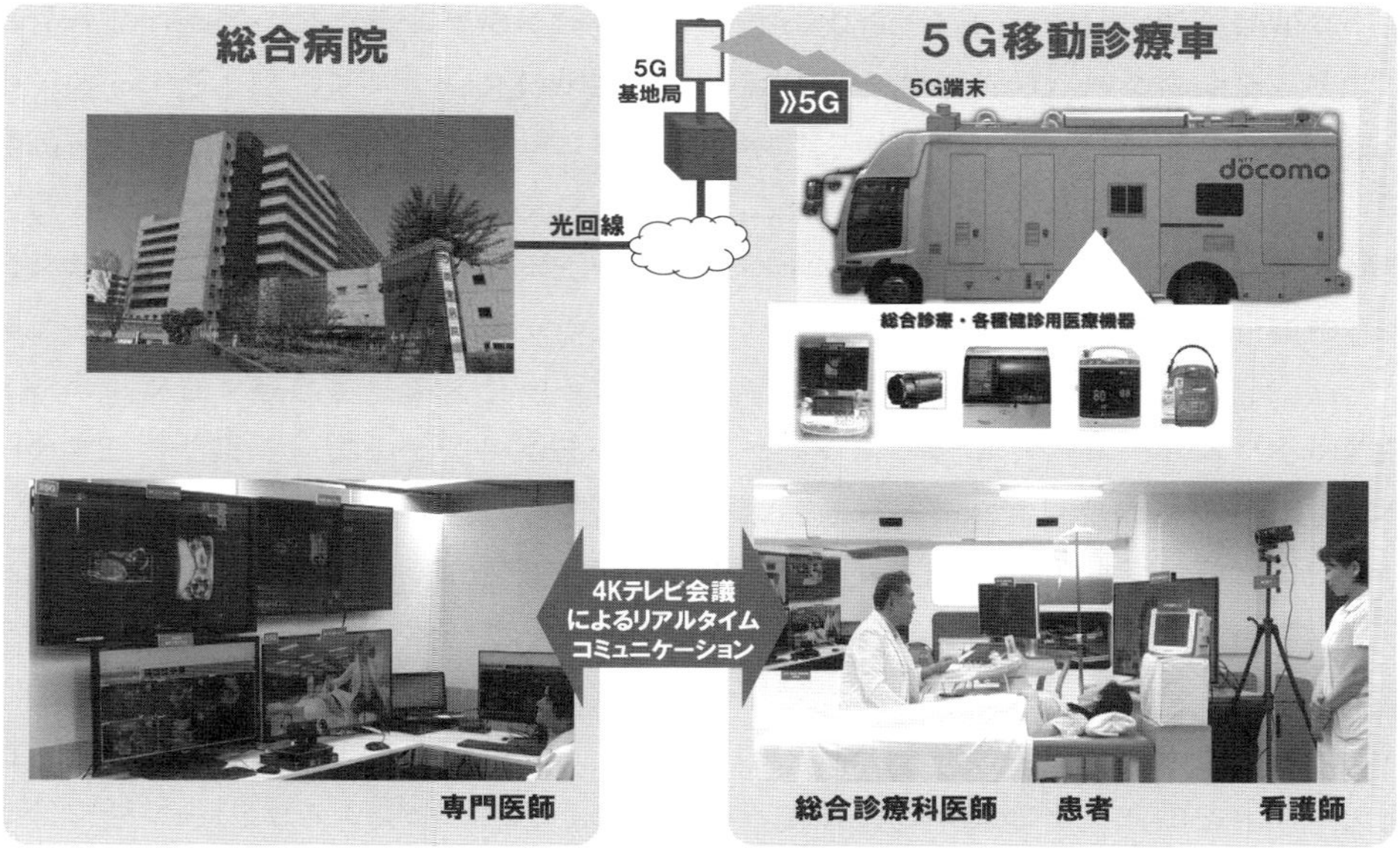

図 2-2　5G 移動診療車による遠隔診療(提供：株式会社 NTT ドコモ)

くためには、かなり長い期間と膨大な資金が必要になるであろう。

証券会社がＡＩ（いわゆる投資ロボット）を活用して投資を行う場合も、投資のスピードが問題となる。実際に、証券会社は、ミリ秒（一秒の一〇〇〇分の一）というスピードで高速取引をするため、回線を通じて注文が証券取引所に到達する時間をできるだけ短くしようと、取引所の中にスペースを借りて発注用のサーバーを置いているほどである。したがって、５Ｇ通信の時代といえども、エッジ（端末）での処理を不要にすることは、すぐには難しいと思われる。これらに対して、先に挙げた医療のほか、金融機関が融資診断にＡＩを利用する場合や、教育の場面でＡＩを利用した個別学習を実施する場合などにも、クラウドコンピューティングを利用したサブスクリプション型のサービスが主流になるであろう。

とはいえ、自動運転や投資ロボットなど、エッジコンピューティングの要素が残る場合にも、サブスクリプション型のサービスが併用されていくと予想される。サブスクリプション型のサービスの一つのメリットとして、アップデートが可能になるからである。ソフトウェアは、時間が経過するとバグや不具合が発見されることも多い。あるユーザーの端末が機械学習により獲得したデータが、同じソフトウェアを利用する他のユーザーにとっても有益で、それを共有した方がよいと考えられる場合もあるであろう。もちろん、ソフトウェアが開発された時点以降に、新種のコンピュータウィルスが作られるなどセキュリティ上のリスクが生じ、その対策をしなければならないという場面も考えられる。そのような場合、パソコンやスマートフォンで一般的に行われているように、ネットワークを通じてアップデートを提供することが必要になる。

このような理由から、サービス提供者としては、サブスクリプションを併用する取引モデルを選択すると考えられるのである。自動車についても、最近では、ＣＡＳＥというキャッチワードがしばしば使われるようになった。ＣＡＳＥという言葉は、もともと、ドイツを代表する自動車メーカーのダイムラーが、二〇一六年に、将来に向けた経営コンセプトとして打ち出したもので、自動車のネットワーク接続（connected）、自動運転（autonomous）、シェアリング（shared & services）、そして電動化（electric）を複合的に進めていくという意味である。ネットワーク接続（C）が第一に置かれているところから、自動車にもサブスクリプション型のサービスが併用されていくという見通しが読み取れる。

サブスクリプション型取引と製造物責任

モノの取引を中心にしたこれまでの法の体系は、サブスクリプション型のサービスになると、一層、明確さを失ってしまう。その理由は、取引の当事者と基準時が複雑になるからである。

この点を説明するために、製造物責任(Products liability＝PL)の問題を考えよう。

製品事故が発生した場合に、製造物責任が問題になるということは、広く知られているであろう。もとは、アメリカの判例によって発展した考え方であるが、現在では、多くの国で、製造物責任に関する法律が導入されている。日本では、製造物責任法が平成六(一九九四)年に立法され、これまでに適用事例もかなり蓄積されてきた。

製造物責任法は、製造物に欠陥があって、そのために損害が発生した場合に、製造業者等(製造業者のほか、法律で定められた類型の主体をまとめてこのように呼ぶ。法律で特定の意味を持つように定義された概念を、「等(とう)」を付けてわかりやすく呼ぶことは、日本の法文の書き方の特徴である)が損害賠償責任を負うと規定している。製造物責任法にいう「製造物」は、「製造又は加工された動産」を意味する。ところが、日本の法律では、ソフトウェアは動産にはならない。動産は「物」の種類の一つであり(民法八六条二項)、「物」とは有体物、つまり物理的な形のあるものに限られている(民法八五条)からである。したがって、ソフトウェアは、それ自体としては製造物ではない。

すると、ソフトウェアが原因で損害が発生しても、製造物責任の問題にはならないことになる。ただし、ソフトウェアが動産に組み込まれている場合、その動産は「製造物」になる。この点は、製造物責任法の条文には書かれていないが、製造物責任法を制定した時点の国会答弁や担当者の解説書などで明言されており、疑問の余地はない。この解釈によれば、自動運転車であれ、医療診断装置であれ、ＡＩをプログラムとして組み込んだ装置が、そのプログラムの欠陥が原因で損害を発生させたときは、製造物責任法が適用され、製造業者に責任が発生することになる。ちなみに、この点の考え方は国によって異なり、日本が製造物責任法を立法する際のモデルとなったＥＵ(欧州連合)の製造物責任法では、ソフトウェアが「製造物」にあたるかどうか不明確だという指摘が、欧州委員会から示されている。ＥＵの法令には、すべてのＥＵ加盟国で直接に適用される「レギュレーション(規則)」という形式と、各加盟国で法律を制定するという前提でその内容だけを取り決めた「ディレクティヴ(指令)」という形式があるが、製造物責任についてはディレクティヴの形式がとられ、製造物責任法は国ごとに法律として制定されている(フランスのように民法の一部に組み込んだ国もある)。ＥＵ各国の国内法では、日本とは違い、動産を有体物に限定しない考え方がとられている国も多いため、製造物責任ディレクティヴにいう「製造物」にはソフトウェアも含むという解釈の余地があるのであろう。

さて、製造物責任法は、製造物(動産)というモノを念頭に置いて作られている。モノの場合、引き渡しの時点を基準時として、製造業者は欠陥のない状態の製造物を引き渡さなければならず、逆に、その時点以降に、新たに発生した問題は製造業者の責任ではない、ときれいに整理できる。ところが、この製造物にソフトウェアが組み込まれていると、バグや不具合が時間の経過とともに発見され、アップデートで改善されるというソフトウェアの特性と、この基準時の考え方が、うまく合わなくなる。引き渡しの時点で一つでもバグや不具合が残っていればそのソフトウェアには「欠陥」があると言われると、多くのプログラマーは違和感を持つのではないだろうか。その違和感を法的に説明すると、製造物責任法では「欠陥」を「通常有すべき安全性を欠いていること」と定義しているので(二条一項)、一定水準までのバグがあっても「通常」の安全性は害されていないという解釈になる。

このような考え方は、バグが後から発見されたならば、不具合を修正するプログラムをすぐに配布することを前提にしている。つまり、ソフトウェアの場合には、事後的に、適切な対応がタイムリーにとられるかどうかが、ユーザーにとっては重要なのである。ところが、これは製造物の引き渡しよりも後の時点の問題なので、製造物責任法の「欠陥」概念ではなかなか対処できない。もちろん、製造物責任法が適用にならないからといって、まったく責任が発生しないというわけではなく、民法の不法行為責任の原則にもとづいて、責任の成否が判断される。

不法行為責任とは、契約関係とは別に、事故などによる損害に対して成立する賠償責任であるが、条文上は、「故意又は過失によって他人の権利又は法律上保護される利益を侵害した者」が責任を負うというように、非常に一般的な書き方で規定されている(民法七〇九条)。せっかく製造物責任法という法律があり、製造物に組み込まれたプログラムの欠陥もその対象になると解釈されているにもかかわらず、サブスクリプション型で逐次アップデートされていくソフトウェアの場合にはあまり役に立たず、結局、抽象的な一般原則に戻ってしまうわけである。モノの取引を前提としてきた法の体系と、サブスクリプション型のサービスとの相性の悪さが、ここに露呈している。

自動運転車のリコール

サブスクリプション型の取引に移行するともう一つ複雑になる点は、誰が責任を負う当事者になるかという主体の問題である。現状では、安全性に問題のある製品が発見されると、製品の回収や無償の修理対応などの措置がとられる。一般にリコールと呼ばれる制度である。自動車の場合は、道路運送車両法にもとづいて国土交通大臣が勧告するが、そのような特別の法令がなければ、消費者安全法により、消費者庁を所管する大臣として内閣総理大臣が勧告を発するなどして、リコールを実施させる。製品にソフトウェアが組み込まれ、不具合に対してはアップデートで対応する仕組みの場合には、ソフトウェアのアップデートを配布することが、リコールの内容になると考えられる。

アップデートにより配布される修正プログラムは、ソフトウェアの開発者でなければ作成できないであろうが、それを配布する主体は、ユーザーによるサブスクリプションの相手方がどの事業者であるかによって決まる。身近な例では、ウィンドウズパソコンの場合、パソコンのメーカーとOSの提供者は明示的に区別されているので、アップデートの提供主体もパソコンメーカーではなく、OSの提供者になっている(ハードウェアに関するアップデートが必要な場合は、パソコンメーカーがアップデートプログラムの提供者になる)。

そこで、自動運転車にソフトウェアが組み込まれている場合にも同じようなビジネスモデルを想定すると、不具合が見つかった場合にリコールを実施し、アップデートを配布する責任は、自動車メーカーではなく、ソフトウェアの提供者にあるということになりそうであるが、それでよいのであろうか。アップデートをしないまま自動車を走行させると誤作動による事故を起こしたり、ハッキングされて暴走したりする可能性があるという事実を把握していたら、自動車メーカーは、ユーザーに対して、ソフトウェアのアップデートをするように働きかける責任を負うべきではないかと思われる。しかし、法律上、そのような責任を負担する根拠は、はっきりしない。ここでも、モノの取引からサービスの取引へ、そしてネットワーク接続を前提としたサブスクリプション型取引への移行という現象が、法の体系に困った問題をひき起こしていると言える。

2　ＡＩの間違いと暴走

人間がセーフティ・ボタンを押す

ＡＩをはじめとするデジタル技術に対しては、人間の能力を拡張する可能性に大きな期待が寄せられる反面で、想定外の動作をしたり、制御不能に陥ったりして、周囲に損害を発生させるという危険性が、常に問題とされてきた。特に、自動運転車や介護ロボットのように、人間と物理的に接触する可能性が高い技術の場合、このリスクは深刻なものになる。公道上で自動運転車の走行実験が行われているアメリカでは、すでに数十件を超える事故事例が報告されている。二〇一八年三月には、アリゾナ州で実験走行中だったウーバーの自動運転車が、車道を横断しようとした人を無視してはね、死亡させるという人身事故も発生してしまった。

物理的な損害を伴わない場面でも、ＡＩが判断を誤って被害を発生させるという問題は、放置できない。たとえば、医師が画像診断のＡＩを用いて医療を行ったにもかかわらず病気の兆候を見落とすケース、あるいは採用人事で志望書類をＡＩに読み込ませた結果、本来であれば採用されるべき人材が落とされてしまうケース、さらには、金融機関の導入したＡＩによる融資審査システムが、融資基準に合致しているはずの対象者を不適合と判断して融資を拒絶するケースなど、「ＡＩの間違い」が原因となる問題事例は、いくつも想定することができる。

このような「間違い」は、あってはならないことであると同時に、万一発生した場合には、損害賠償責任が問題になる。ところが、第1節で見たように、モノの取引を基本にした現在の法の体系は、ＡＩの特徴を十分に受け止めることができない。そこで、新しい考え方を生み出す必要性が強く感じられている。その一つとしてしばしば主張される解決策に、人間の判断を介在させるというものがある。ＡＩに完全に依存してしまうのではなく、いわばそこにセーフティ・ボタンを付けておいて、ぎりぎりの場面では、人間がそれを押すことにすれば被害の発生を防げるのではないかという考え方である。

証券誤発注事件の判決が示した「システム提供責任」

日本の裁判所による判決の中に、同じような考え方をとったものがある。ＡＩの事件ではないが、コンピュータ・システムの不具合が大きな損害につながった事例である。

この事件は、証券会社が証券取引所に対して注文を出す際に、入力ミスをしたことが発端であった。問題の株式は、その日に上場されたばかりであり、一株六七万円という気配値がついていた（買い注文の方が多かったため売買が成立しなかった。こういうとき、十分な売り注文があれば取引が成立しそうな価格が「気配値」として表示される）。証券会社の担当者は、この株式について、「六一万円で一株の売り注文」を出そうとしたのであるが、うっかり間違えて、「一円で六一万株」の売り注文を入力してしまった。一円の売り注文は明らかに不自然なので、画面上に、注意を促す警告サインが出たらしいが、それを無視して発注を確定させてしまった。六七万円の気配値がついていた株式が一円で売りに出されたため、すぐに買い注文が殺到した。ここまでは、単なる人為的なミスで、システムの不具合の問題ではない。

間違いに気づいた証券会社は、この売り注文を取り消そうとしたが、証券取引所のプログラムにバグがあったため、取り消しが入力できなかった。他方、証券取引所の職員も異常に気づき、発注元の証券会社に電話をかけて連絡を取ろうとしたがうまくつながらず、混乱しているうちに、システム上、売買が次々に成立していってしまった。結局、証券取引所の側では売買停止措置をとるという判断に至らず、誤った注文を出した証券会社が、自分で買い注文を入れて元の売り注文を解消させるという行動をとり、とりあえず、その場は収拾された。この間、合計八分あまりであった。

証券会社は、一株だけを売るはずが、膨大な数量の株式を売却したものとして決済しなければならなくなり、その分の損害を被ったとして、証券取引所に対し、損害賠償を請求した。もともとのミスをした張本人は証券会社側の担当者なのであるが、発注取り消しができていればこのような事態にはならなかったし、証券取引所が早い段階で売買停止措置をとっていれば、損失は小さかったはずだという主張である。この訴訟に対する判決の中で、東京地方裁判所は、最初の誤った売り注文から七分を経過した時点までには、証券取引所が売買停止措置をとることができたはずであると述べ、それをしなかった以上は、「人的な対応面を含めた全体としての市場システムの提供について、注意義務違反があった」と判断した。市場での取引自体は、プログラムにもとづいて執行されるシステムになっているが、そのコンピュータ・システムの運営は、証券取引所の職員という人的な組織が担っている。この事件で裁判所は、コンピュータ・システムの運用と、異常が認められたときは売買を停止するという人間の判断とを総合した全体が「市場システム」であり、その「システム」が全体として、損害の発生を防ぐように構築されていなければならないという考え方を採用したと言えよう（東京地裁平成二一年一二月四日判決。この事件は控訴され、控訴審の東京高裁ではこれ以外の論点によって結論が少し変わったが、ここでは立ち入らない）。

セーフティ・ボタンは押せるのか

しかし、万一の場面で介入を求められる人間は、的確な判断にもとづく対応をとることができるのであろうか。完全な自動運転に至る前の、レベル3の自動運転車でも、特に異常がなければ、人は運転操作をする必要がない。そのため、自動車の中で携帯電話やスマートフォンを使っていてもよいことになった（令和元（二〇一九）年改正による道路交通法七一条の四の二）。とはいえ、その状態でも、何かの事態が発生したときは、突然のアラームで、自動運転装置から運転を引き継ぐように求められる。技術開発の現場では、この場合のアラームとして、たとえば、警告音を鳴らすよりも、シートなどを振動させる方が、より素早い反応を引き出せるといった実験も行われているが、どれほど素早く反応したとしても、引き継いだ瞬間にとるべき操作がとっさにわからず、まごまごしてしまうという可能性がないとは言えない。将来、さらに自動運転のレベルが進んで、運転操作をしないことが当たり前になると、何もしない状態に慣れきってしまい、突然に操作をしようとしても、パニックを起こしたり、かえって間違った操作をしてしまう危険性が高くなっていくであろう。

もちろん、乗っている人(運転者)が危険に気づいてもどうすることもできないということがないように、システムを止めて手動に戻す仕組み(いわゆるキル・スイッチ)はあった方がよい。AIシステムが広く普及しても、手動に戻すスイッチは残されるはずだと語る技術者は多い。しかし、そのことと、手動に戻す仕組みがあれば、法的な意味で安全性が確保されていると評価できることとは、まったく別の問題である。人間の介入が的確なタイミングで行われ、かつ、介入した結果が、AIに任せたままの状態よりも危険を抑える方向に働くという仕組みでなければ、安全性を確保したシステムとは言えない。このように考えると、人間の判断を介在させるとか、最終的に人間が操作を引き継ぐ余地を残すという方法で安全性を確保するというアプローチは、アイディア倒れに近いように思われる。

人間の判断を求めればAIのメリットが消える

人身被害が生ずる事故のケースを離れて、一般的なAIの誤作動について考えると、問題の所在が、より明確になる。たとえば、医療診断や会計監査で膨大なデータを解析する際に、機械学習をしたＡＩを活用し、問題のあるデータを識別することが有効だと期待されている。この場合の機械学習では、ＡＩが、既存のデータ（「教師データ」）の中から、ある条件（たとえば病気の兆候を示す患部の写真）に合致するものと合致しないものを識別するパターンを学習する。その上で、新しいデータをＡＩに読み込ませ、学習した条件に合致するものを適切に選び出させる。医療の場合は、検査画像から病気の兆候を示すものをＡＩが判別し、会計監査では、財務諸表や会計帳簿のデータから粉飾を疑わせるものを判別する。これらの場合、人間が画像を見たり数値を読んだりするスピードと比較して、ＡＩが画像データや数値データを読み込むスピードは、けた違いに早い。そこで、機械学習の結果、問題のありそうなデータの判別が一定以上の精度に到達すれば、医師や公認会計士の経験と勘に頼るよりもずっと効率的になると想定されているのである。この場合にも、ＡＩが病気や粉飾を見落とすという間違いをしては困るので、人間が関与して、いわばダブルチェックを行うとよいのではないかと言われると、一見、納得してしまいそうになる。

　ところで、「間違い」の中にも、二種類の違ったものを区別しなければならない。本当は病気や不正があるにもかかわらず病気や不正はないと判断してしまうという間違い（第一種の過誤）と、本当は病気や不正ではないものを病気や不正と判断してしまうという間違い（第二種の過誤)である。ＡＩの間違いをチェックするために人間が関与するべきだと言われる場合の「間違い」は、第一種の過誤の方であろう。病気の兆候が発見されれば医師は治療をしなければならず、公認会計士は粉飾の疑いが発見されればさらに調査を行うので、第二種の過誤は、通常の業務プロセスの中では問題にならないからである。

ところが、ここで第一種の過誤を防ぐために人間のダブルチェックを要求すると、せっかくＡＩを導入した意味が大きく損なわれてしまう。というのは、ＡＩのメリットは人間よりも速く、大量にデータを処理できる点にあるので、そのメリットを生かそうとすれば、人間に読めるような画像や文書に変換せず、データのまま処理するという方法をとることになるはずだからである。ＡＩが詳しく見る必要がないとして捨てたデータを、その中に、実は見落としてはいけないデータがあったのではないかという理由から、人間に読めるような画像や文書に変換して、改めて人間がチェックするのでは、データ処理の効率はまったく上がらない。ここでも、人間が判断に関与することでＡＩの間違いを防ぐという考え方は、アイディア倒れに終わっている感がある。

冗長性による安全の確保

ＡＩの判断を人間がチェックするという考え方が現実的ではないとすれば、ＡＩシステムの間違いや暴走に関する制度は、どのようにしていくことが理想であろうか。改めて、証券取引所の誤発注事件の判決を読み直すと、「システム」という言葉がカギになっていることに気づく。売買の発注を行うコンピュータ・プログラムもシステム（発注システム）なのであるが、それを組み込んだ上位の概念として「市場システム」という言葉が使われ、その中に、証券取引所のスタッフによる売買停止措置などの人的な対応も含むとされているのである。そこでは、機械的なシステムを、どのような形で社会的なシステムの中に組み込んでいくかという問題が提起されていると言える。

システム設計の専門家は、「冗長性」という考え方を使うことが多い。冗長性とは、システムの安全性を確保するために、安全装置を二重、三重に備えて、いわば余らせておく（「冗長」にしておく）ことで、一つの安全装置が働かなかった場合にも、他の装置が機能してリスクを回避できるという意味である。ＡＩの利活用についても、特定のＡＩシステムが間違いを起こした場合に、それが損害に直結することがないように、別のシステムが作動して事故を防止するといった冗長性のある設計が要求されると考えられる。そこにいう「別のシステム」の中には、人間の関与という要素も含まれる。その意味で、人間の判断を介在させて安全を確保するという考え方は、間違ってはいない。ただし、人間の判断が介在するといっても、ＡＩによる判断の限界をふまえて、その範囲外にあたる場合の判断フローを適切に設定するなど、ＡＩの使われ方を考える責任という問題なのである。

専門家かユーザーか

ＡＩの利活用に関する議論の中では、しばしば、職業的にＡＩを利用する専門家も、ＡＩのプログラムや機械学習などの仕組みについては素人であり、消費者的な利用者と変わらないという発言を耳にする。たしかに、医師がＡＩによる画像診断システムを使っていても、ＡＩに関しては素人に近いかもしれない。むしろ患者の方が、職業によっては、システムに詳しいことさえあり得る。このことから、ＡＩシステムの利用者（ユーザー）には、義務や責任などを課すべきではないとも言われる。

そのような主張にはもっともな点がある。第4章で詳しく説明するが、二〇一九年八月に公表された日本の「ＡＩ利活用原則」を議論する過程では、「利用者」の中に「消費者的利用者」と「ビジネス利用者」を区別する考え方の当否が何度も議論された。欧州委員会が二〇一九年四月に採択した「信頼されるＡＩのための倫理ガイドライン」では、この二つの類型を区別せず、単純に「利用者」(user)という言葉を使っている。ＡＩの開発者以外は、誰しも、専門的な知識や理解を持っていないという考え方に立つものであろう。

しかし、そうだとしても、医師や公認会計士などが、医療や会計監査という業務について専門家であるという事実は否定できない。この点は、はっきりと理解しておく必要がある。医師は、患者との関係で、医療というサービスを提供する専門家であり、その専門性にもとづいて、適切な医療行為を選択する責任や、医療行為の内容、それを実行した場合のリスクなどについて、患者が理解できるように説明する責任を負っている。その中には、ＡＩをどのように活用し、そしてそのＡＩが間違った判断をする可能性に対して、どのように対処するかといった「ＡＩの使い方」を考える責任も、当然に含まれる。ＡＩシステムそのものについては専門的な知識を持っていなかったとしても、専門業者の活用や、場合によってはＡＩシステムの専門家を擁する大病院との連携なども含めて、その適切な利用を組み入れた医療の提供をすることが、専門家としての務めである。こうした点をふまえ、日本の「ＡＩ利活用原則」では、最終的に、「利用者」一般に向けた原則と「ビジネス利用者」に限定した原則とを書き分け、また解説の中でビジネス利用者と消費者的利用者のそれぞれに期待される内容を丁寧に説明することになった。

3 責任の所在――メーカー・売り手・プラットフォーム

自動運転車が「プラットフォーム」に

再び、自動運転の開発動向に戻ろう。トヨタ自動車は、二〇一八年一月に、ラスベガスで開催された家電見本市CES 2018で、「自動車を作る会社からモビリティ・サービス・カンパニーに移行する」と宣言して大きな注目を集めた。そのための基盤となるコンセプト・カーは、「e-Palette」という名称の電動自動車である。このe-Paletteは、乗用車ではなくバンのような外形を持った法人向けの自動運転車であり、ネットワークに接続されたコネクティッドカーとされている。

トヨタ自動車が公開しているコンセプトムービーを見ると、e-Paletteを用いて実現しようとするサービスは、移動手段の提供だけではない。通勤時間帯などにはミニバスのように公共交通機関として利用され、日中は職場に弁当を届ける物販車両として、また呼び出せるシェアオフィスとしてビジネスに活用され、あるいはメーカーから小売店への配送車両として利用されるなどの利用形態が想定されている。法人向けなので、提供されるサービスも事業者向けの、いわゆるB2B(business to business)サービスが主として念頭に置かれているようである。

これは、もはや「自動車」ではない。人を移動するためにも使うことができるが、物流サービスの提供や、カフェのような生活空間としての利用さえ考えられるような多目的の場、いわゆるプラットフォームである。二〇〇〇年代の後半にスマートフォンが初めて日本に上陸したとき、ビジュアルな液晶画面により携帯電話が操作性を高めたものという受け止め方も多かったが、実際には、電話をかけること「も」できる多目的の端末であった。まだ目新しかったスマートフォンに機種変更したとき、ショップの店員がパソコンを使いながら設定をしている様子を見て、これはパソコンの子機のようなものではないかと感じたことを覚えている。トヨタは、それと同じように、自動車を多目的の端末へと進化させる野心を持って開発に取り組んでいるのであろう。

二つのシェアリングサービス

トヨタのコンセプトムービーでは、この利用形態に「ライドシェア」という文字がつけられている。ライドシェアは、アメリカのウーバーが創始したビジネスモデルで、自家用車を持つ個人が運転手となり、アプリの呼び出しに応じてユーザーの送迎サービスを提供するという仕組みである。中国では滴滴出行(ディーディーチューシン)、シンガポールにはグラブ(創業はマレーシア)という事業者があって、同じようなサービスを提供している。実は、トヨタは、過去数年間に、ウーバー、滴滴出行、グラブの各社と相次いで協業や出資関係を築いている。

しかし、トヨタが考えるライドシェアと、現在、各国で発展しているライドシェアは、性質が同じではない。現在のライドシェアは、自動車というサービス提供手段と、運転手というサービス提供者を個人が持ち寄るという供給者側のシェアリングである。これに対して、トヨタがe-Paletteで実現しようとする「ライドシェア」は、プールされた自動車をユーザーが必要に応じて呼び出し、利用するという需要者側のシェアリングだと考えられる。

ところで、供給者側のシェアリングは、財(自動車や住宅)と労働力が余っている場合にそれを活用するという仕組みであり、よく考えると、あまり合理的なものではない。複数の人(特に個人)が集まってシェアリングサービスを提供したいのであれば、最も簡単な方法は、それぞれが金銭を出資して会社を設立し、その会社が自動車や住宅などを所有して、ユーザーに提供することである。個人が、わざわざ自動車というモノを所有した上で、自分が運転手となってユーザーにサービスを提供するという仕組みをとる必然性はない。現在のライドシェアは、大半の個人が、すでに自家用車を購入し、保有しているという現状の中で生まれたサービスであり、いわば過渡的な事業形態とみるべきであろう。第1節で述べたように、自動運転のレベルが上がり、個人が自家用車を所有しなくなっていくと、このサービスは自然消滅するのではないかと思われる。

同じ供給者側のシェアリングサービスとしては、民泊がある。これは、自宅の空いている部屋を旅行者の宿泊に貸し出すという仕組みになっている。宿泊したい旅行者と部屋を貸し出せるオーナーとのマッチングができないと、このサービスは成り立たないが、アメリカのエアビーアンドビーという会社がマッチングのためのアプリを開発し、広く知られるようになった。日本では、営業として旅行者を宿泊させるためには旅館業法にもとづいて都道府県知事の許可を受けなければならず、存在する民泊の大半が違法な旅館営業となっていたが、平成二九(二〇一七)年に住宅宿泊事業法(いわゆる民泊新法)が成立して、部屋を貸し出す日数が年間一八〇日以内であることを条件に、都道府県知事への届け出によって、適法に民泊の「営業」ができることになった。この法律の下では、マッチングを行うプラットフォーム事業者は、「住宅宿泊仲介業」として、観光庁長官の登録を受ける義務があるものとされ、それによって、悪質なプラットフォームが発見された場合には、規制ができるようになった。自動車とは違って、住宅は、人の一生の中で家族構成などが変化し、居住空間を広く必要とする時期とそれほど必要としない時期が存在する上、不動産の流動性が低いため、ニーズに合わせて住宅を入手したり手放したりすることが短期間ではできないという事情もある。そのため、住宅については、民泊という供給者側のシェアリングが将来的にも生き残るであろう。

プラットフォームの契約関係と責任

さて、需要者側のシェアリングサービスを法的にみると、ユーザーが契約にもとづいてサービスの提供を受けるという関係である。ところが、サービスの提供が「プラットフォーム」上で行われると、契約の相手方はどの事業者なのかという点が不明確になることがある。

プラットフォームという言葉は、ビジネスの世界では、取引やサービスの提供が行われる「場」という意味である。最近では、インターネット上のさまざまなサービスを統合し、ユーザーに対してそれらのサービスが提供される「場」を構築しているグーグル、アマゾン、フェイスブック、アップルというアメリカの四社が、「GAFA」と総称され、特に巨大プラットフォームとして注目を集めている（マイクロソフトを加えて「GAFAM」などとする言い方もある）。人口ではアメリカをはるかに凌ぐ大きさの市場を擁する中国では、グーグルやフェイスブックへの接続が制限されていることもあり、検索エンジンから発展したバイドゥ、インターネットモール事業から成長したアリババ、インスタントメッセンジャーやソーシャルネットワーキングサービスの提供者であるテンセントの三社が、独自のプラットフォームとして大きく成長してきた。中国の三社は、頭文字をとって「BAT」と呼ばれる。

プラットフォーム上で提供されるサービスと契約関係について、身近な事例から考えてみよう。スマートフォンの場合、端末上で提供されるサービスにはそれぞれ独立の提供元がある。電話(音声通話)やインターネット接続(パケット通信)の通信サービスは、通信事業者によって提供されている。これまでは、多くの場合に、この通信会社が端末の売主でもあった。そして、アプリをダウンロードして利用するさまざまなサービスの主体は、それぞれのアプリ提供元の企業である。プラットフォームの提供者(iPhoneであればアップル、アンドロイドであればグーグル)は、アプリのダウンロードを管理し、有料であればその支払い手段を提供する役割を担う。

自動車がプラットフォームになる場合の取引関係は、今後の事業展開次第であるが、同じようなビジネスモデルを考えることもできる。その場合、e-Paletteを配車する移動サービスの提供事業者(トヨタが出資する独立の事業会社になるのであろう)が、スマートフォンの場合の通信事業者にあたり、それが弁当などの物販に利用されるのであれば、その場合の商品(弁当)の売主は、スマートフォン上のアプリの提供者と同じように、プラットフォーム上で物販を行う販売事業者になる。実際にトヨタは、e-Paletteに関して、アマゾンやピザハットとの提携を発表している。

このとき、商品の売買に関して、たとえば欠陥があったとして返品や損害賠償が問題になったり、個人情報の漏洩などがあったりした場合、契約の相手方である販売事業者(売主)が責任を負うだけですむのであろうか。これを裏返して言えば、プラットフォームの提供者は、自社が提供するプラットフォームを利用して行われる取引に関して、何の責任も負わないのかという問題であると考えられる。しかし、これに関する法的なルールは、実はあまり明らかになっていない。

日本の裁判所がこの問題について判断した先例としては、ヤフーのオークションサイト上で、出品者が詐欺を働いた事案に関するものがある。出品者を信じて落札し、代金を振り込んだ詐欺の被害者が、オークションサイト運営者としてのヤフーの責任を追及した。一審の名古屋地裁は、オークションサイトの運営者は個別の取引に当事者として関与するものではないとしたが、「利用者に対して、欠陥のないシステムを構築して本件サービスを提供すべき義務」は負っていると判断した(名古屋地裁平成二〇年三月二八日判決)。具体的には、詐欺等の犯罪に注意するよう利用者に呼びかけること、出品者の信頼性を評価するシステムを導入することなどの義務である。この判断は、二審の名古屋高裁でも維持されている(名古屋高裁平成二〇年一一月一一日判決)。ヤフーをはじめ、日本の主要なオークションサイト運営者は、現在までに、この判決で示されたような措置を導入ずみである。

この判決は、プラットフォームというサービス提供の「場」を開設し、運営する事業者について、自ら取引をするわけではないとしても、そこで行われる取引が安全で、トラブルの起きにくいものになるように努めるという義務を負うと考えていることになる。この義務は、プラットフォーム運営者としての地位から導かれるもので、ユーザーがプラットフォームを利用する際の契約に明記されていなくとも発生する。ヤフーオークションサイト事件の裁判所は、この点を、「信義則上の義務」と表現している。信義則とは、権利の行使や義務の履行を「信義に従い誠実に行わなければならない」という原則のことで、日本の民法では冒頭に書かれている基本的なルールである(民法一条二項)。

サービス提供者を管理するプラットフォームの義務

プラットフォームの運営者が、「欠陥のないシステム」を構築する義務を負うという考え方は、抽象的に見れば、そのとおりで疑問の余地はないようにも感じられる。しかし、本当に取引の「場」を安全、安心なものとするのであれば、犯罪の可能性について注意喚起をする程度のことではすまないのではないか、という疑問もわいてくる。

この点に関しては、現実に裁判で争われたプラットフォームが、オークションサイトに関する事案であったことに注意しなければならない。オークションサイトは、一般の出品者が売主となる点で、供給者側のシェアリングに似ている。出品者は、実際にはプロのように繰り返し取引する出品者も多いといわれるが、たまたま取引に参加する場合もあり、それを排除してはオークションが成り立たない。そして、落札者も、そのような前提でオークションに参加していると考えられる。オークションサイトの運営者に対して、あまり重い義務を課さなかった裁判所の判断は、そのような背景のもとで理解した方がよいであろう。

これに対して、自動運転車をプラットフォームにしたサービスでは、サービスの提供者に対するプラットフォームの権限はずっと強い。サービス提供の物理的な場として、プラットフォームが車両を用意するからである。そうなると、プラットフォーム事業者には、プラットフォーム上で営業する者について、詐欺的な事業者ではないことや、個人情報の管理体制が一定の水準を満たしていることなどを確認する義務があるとされても、不思議ではないであろう。

日本の法律の中で、それと同じような考え方がすでに導入されている例として、クレジットカードの加盟店審査がある。クレジットカードは、本来、支払いの手段にすぎないから、その支払いがどのような取引の対価としてなされているのかという点には、システムの側では関知しない。店舗がクレジットカードで支払いを受けるためには、そのカードのブランド（いわゆる国際ブランド）の加盟店になる必要があり、そのためには、加盟店管理会社（業界ではアクワイアラと呼ばれている）の審査を受けなければならないが、それは、加盟店が倒産して決済ネットワークに影響を与えないことを確認するための与信審査が原則とされてきた。ところが、平成二八（二〇一六）年の割賦販売法改正により、この加盟店審査の内容が拡大され、違法な薬物や偽ブランド品などの犯罪物件を取引する加盟店でないこと、消費者トラブルなどを多発させる悪質な加盟店ではないこと、カード情報の漏洩が発生しないようなセキュリティ体制が整えられていることなどについて、加盟店管理会社が確認する責任を負うことになった（割賦販売法三五条の一七の八）。支払いを受ける手段があるからこそ、悪質な取引に手を染めるうまみも生じる。その意味では、クレジットカードの決済ネットワークを利用できることが、犯罪物件の取引や消費者トラブルを助長していると言えなくもないという考え方から、決済ネットワークの利用を認める段階で、そうした悪質加盟店を排除するという体制になったわけである。

プラットフォームの義務を規定する法律

自動運転車をサービス提供のプラットフォームにした場合、悪質な事業者に車両という場を利用させると、やはり、そうした悪質取引を助長すると言えるであろう。すると、プラットフォームの運営者は、そこに受け入れるサービス提供者の審査をする義務を負うことになりそうである。もしもそのような考え方がとられるのであれば、そのような義務を法律によって明示してしまった方が、法的な責任も明確になり、また利用者(消費者)の保護にもなるのではないかという考えが出てきても不思議ではない。

実は、プラットフォームにそのような義務を課す法律は、中国で、現実に制定されている。中国では、二〇一八年に、「電子商務法」(電子商取引法)という法律が成立したが、その中では、電子商務プラットフォーム経営者(「第三者平台」)に対し、プラットフォーム上の事業者(「平台内経営者」)の身元に関する情報を確認する義務が課され、そこで取引される商品やサービスが違法であったり、消費者利益を害するものであったりするときは必要な措置を取る義務を負うものとされている。環境基準を満たさないものであったりするのであったり、中国では、先に紹介したBATなどのプラットフォーム事業者が巨大な経済的影響力を持つようになっており、それらの事業者に対して、国家の規制を及ぼすという意図があるのかもしれない(国家とプラットフォーム事業者の関係については、第5章で改めて取り上げる）。しかし、消費者利益の観点から、プラットフォーム事業者が、プラットフォーム上で商品やサービスを提供する事業者を管理できる立場にあることも、事実である。

日本でも、二〇一八年には、プラットフォームのあり方に関するルールについて、検討が行われた。経済産業大臣の諮問機関である産業構造審議会に、「Connected Industries における共通商取引ルール検討小委員会」（通称「スマートコマース小委員会」）が設置され、その中で、プラットフォームの産業政策上の意義と、その社会的責任が議論されている。しかし、中国とは違い、プラットフォーム事業者に義務を課す法律を作るという結論にはならなかった。二〇一八年一二月に公表された「中間整理」には、このうちの社会的責任に関して、「プラットフォーマーによる個社での取組や透明性（見える化）を確保するための外部評価スキームの導入等を基礎とした自主的な創意工夫を促進」する必要性があると記述されているが、これは、裏返して言うと、法律を作って規制することは当面考えず、「自主的な創意工夫」、つまり各プラットフォームの努力に任せるという結論である。

このような結論になった理由は、プラットフォームに関して、さしあたり問題となっている点は、消費者との関係ではなく、巨大プラットフォームであるＧＡＦＡの経済的な支配力が強すぎることであると考えられたからである。そして、その問題については、「デジタル・プラットフォーマーを巡る取引環境整備に関する検討会」という別の会合が、総務省・経済産業省・公正取引委員会が共同で事務局を務める体制で設置されており、その場で、GAFAに対する独占禁止法の適用などが議論されている。目の前に深刻な問題があるときは、まず、その解決策を見つけることも重要であるから、こうした判断は理解できないわけではない。しかし、トヨタのe-Paletteなど、日本の有力メーカーがプラットフォーム事業を開始するときには、改めて、プラットフォーム利用者の安心、安全を確保するための法制度を議論した方がよいのではないかと考えられる。

第3章　情報法の時代――「新時代の石油」をめぐって

1　プライバシー対「データの活用」

日本におけるデータ利用のトラウマ

第2章の末尾で、プラットフォームの問題を取り上げた。現在、アメリカのGAFA（さらには中国のBAT）が経済的に大きな影響力を持っている理由は、それらのプラットフォームがデータを握っているからである。ユーザーが検索をした履歴、商品を買った履歴、そして投稿や写真などが、膨大な個人データとしてプラットフォーム企業の手に残される。こうして得られたデータを、AIを活用して解析すると、ユーザーのニーズがわかり、次のビジネスチャンスにつながる。それをマーケティングの素材（わかりやすく言えば広告）として売ることが、これらのプラットフォーム企業の基本的なビジネスモデルである。

サービスの取引でさえ十分にとらえきれない法の体系は、こうしたデータ取引については、ますます対応できずにいる。実は、「これからは情報法の時代だ」という掛け声は、二〇年以上前から何度も繰り返されてきたのであるが、全体像が十分に解明されているとは言えない。これは、日本だけではなく、海外でも同じである。ただし、日本語で「情報」と言うとき、英語では「データ」という言葉を使うので、英語では「情報法」ではなく「データ・ロー」という表現になる（後で述べるように、日本の個人情報保護法に対応するＥＵの規則は、一般データ保護規則（General Data Protection Regulation: GDPR）である）。

データ（情報）に関する法の体系が解明されていないということを説明する上でわかりやすい事例が、二〇一三年七月に発生したＳｕｉｃａの乗車履歴をめぐる騒ぎである。これは、日本で、本格的なデータ利用が始まろうとしていた時期に起きた事件で、日本企業にとっては、データ利用に関してトラウマのように尾を引くこととなった。

Ｓｕｉｃａは、言うまでもなく、ＪＲ東日本が発行する電子マネーである。一週間で延べ九〇〇〇万人という鉄道の利用者が首都圏の駅を乗り降りし、エキナカや周辺の店舗などで商品を買ったり、飲食したりする履歴がすべて記録されていくので、その個人データは宝の山と言える。そこでＪＲ東日本は、匿名化処理といわれる工程によって、個人が特定できないようにデータを加工した上で、このデータの解析を外部の事業者に委託した。解析の結果は、その外部事業者が「駅利用状況分析リポート」という形にまとめ、マーケティングなどに活用したい企業に販売していく構想であった。当初は、いよいよ日本企業も個人データを活用する動きを始めたと好意的に受け取られた。

ところが、しばらくすると、Ｓｕｉｃａの利用者の間から、個人のデータを外部の事業者に提供することは許されるのか、本当に個人が特定されないのか、また周知が不足していたのではないかといった声が寄せられるようになった。そうした批判に押されて、ＪＲ東日本では、データの外部提供をいったん撤回するとともに、消費者意識に対する配慮に欠けているのではないかという批判に応えるため、「Ｓｕｉｃａに関するデータの社外への提供についての有識者会議」を設置して問題点の整理に努めることとなったのである。「有識者会議」は、この件について個人情報保護法に違反する点はなく、またプライバシーの侵害につながるおそれはないものの、利用者の安心・納得という観点から配慮が不足していたと指摘した。その後、ＪＲ東日本では、別の形でビッグデータの活用に取り組んでいるが、当時、問題となった形態によるデータの外部提供は、再開されることはなかった。

判例が発展させたプライバシーの法理

「プライバシー」という概念は、もともと法律に書かれた用語ではなく、判例によって発展してきた。その最初の事例は、いわゆる「宴のあと」事件で東京地裁が昭和三九（一九六四）年に出した判決である。

『宴のあと』は、三島由紀夫が昭和三五(一九六〇)年に雑誌連載の形で発表し、同年中に単行本として出版した小説で、選挙に出馬して落選した主人公とその妻の料亭経営者をとり上げて、政治と恋愛との衝突を描いていた。当時の読者には、この小説のモデルが、その前年に東京都知事選挙に実際に出馬して落選した政治家とその妻であることは容易にわかったと言われる。そこで、モデルとされた政治家が、作者の三島由紀夫に対し、「私生活を『のぞき見』し、もしくは『のぞき見したかのような』描写を公開したことによって、……いわゆるプライバシーを侵害された」として損害賠償を求める訴訟を提起した。

小説の中には、主人公の私生活にかかわる部分など、モデルとされた政治家が読んで、不快に感じる部分があった。もちろん、作家がモデルとなった人物の私生活を実際に知っていたわけではなく、その部分はフィクションなのであるが、裁判所は、一般の読者はフィクションの部分と事実にもとづく部分を区別することは難しいので、事実らしく受け取られる内容であれば、「私生活をみだりに公開されないという法的保障ないし権利」としてのプライバシー権を侵害したと言える、と判断したのである(東京地裁昭和三九年九月二八日判決)。

この判決は、日本の裁判所がはじめて「プライバシー」という個人の利益を認めた点で、画期的なものであった。そこでは、プライバシーは、知られたくないもの(この事件では「私生活」)を公開されない利益と位置づけられている。「宴のあと」事件から三〇年以上を経て、最高裁がプライバシーの侵害による損害賠償請求を認めた判決でも、この点は変わっていない。この事件も、『石に泳ぐ魚』というモデル小説をめぐって、モデルとされた人物が作家に対してプライバシー侵害による損害賠償を請求した事案であった(最高裁平成一四年九月二四日判決)。

しかし、この「知られたくないものを公開されない」というとらえ方では、AI時代の個人データをめぐる問題を正確に理解することは難しくなる。個人データが経済活動に利用されるとき、宝の山のような個人データは、相手方の企業には、はじめから「見えて」いる行動の履歴だからである。

GPS装置を用いた刑事捜査の適法性

ビジネスにおけるデータ利用とは少し状況が異なるが、平成二九(二〇一七)年に、一つの刑事事件に関する最高裁判所の判決が、社会的にも大きな注目を集めた。その判決とは、警察が捜査のためにGPS追跡装置を利用したことを違法と判断したものである。

この事件の被告人は、窃盗を繰り返す常習犯であった。グループで宝石店などを襲い、金品を奪うと自動車に分乗して猛スピードで逃走する。警察車両が追跡してもすぐに振り切られてしまったというから、その運転技術は相当なものであったらしい。

ところが、ある時期から、振り切っても振り切っても、警察車両がまた現れるようになった。とうとう逮捕された被告人が弁護人にそのことを話し、弁護人がいろいろと調べてみると、警察はそのころ被告人たちの自動車にＧＰＳ追跡装置を取り付けていたという事実が判明した。裁判所の認定によると、被告人たちが窃盗グループなのではないかと目星をつけた警察は、被告人が駐車場に車を止めてホテルに入っていた間に、駐車していた自動車に、ＧＰＳ追跡装置をひそかに取り付けた。ＧＰＳ(Global Positioning System)は、アメリカ政府が運用する測位衛星システムで、地球を覆いつくすように三〇機内外の衛星が配置されている。追跡装置は、このＧＰＳ衛星から発信されている信号を受信して、離れたところにある専用のアプリに転送する。アプリは、スマートフォンで位置を特定する場合と同じように、受信された信号から現存地を割り出すのである。こうして、警察は、窃盗グループが走行している地点をリアルタイムで把握できるようになった。

この捜査方法が、裁判所の令状もなく実行できるものかどうかが争点となり、最高裁判所は、被疑者の権利を制約する程度が大きいため、実行する場合には令状が必要になると判断した。ただし、現在の刑事訴訟法には、ＧＰＳ追跡装置を使用することに関する令状の根拠規定がないので、法改正が行われるまで、この手法は使えないという結論になる。しかし、「知られたくないものを公開されない利益」という従来の考え方でプライバシーをとらえていると、この問題を正面から議論することができない。自動車が道路を走行している様子は外部からは見えているので、どこを走行しているかという情報が「知られたくないもの」かどうかを論ずる以前に、情報の内容が「公開」されてしまっているからである。

最高裁判所の判決をよく読むと、個人の所有物である被告人たちの自動車にGPS追跡装置という異物を取り付けていること、しかもそれを取り付ける際に、駐車場という他人の私有地に立ち入っていることを挙げている。個人の所有物に無断で触れたり、私有地に断りなく立ち入ったりする行為を警察が行えば、私的な空間に国家権力が入り込むことになり、プライバシーについて難しい議論をしなくとも、「権利の制約」があったと説明しやすくなる。そのため、この判例が新しい時代のプライバシーについてどのような立場に立っているのかという点をめぐっては、専門家の間でも議論が錯綜している。

見えている行為から見えない事情を推知

しかし、観察すれば見える部分の情報を収集しているだけであれば、プライバシーに関して何の問題もないという議論は、やはりおかしいのではないか。見えている情報を収集し、分析する中から、見えていない部分、知られたくない情報が浮かび上がってくる可能性があるからである。たとえば、車に乗って教会を訪れる行為は、それ自体は周囲から見えている。しかし、その様子を継続的に観察し、人物Aは毎週日曜日の朝に教会を訪れているという事実が明らかになると、「Aはこの教会の信者である」という推論が得られる。人物Aがどのような宗教を信仰しているかということは、Aの内面の問題であって、公開されていない情報、場合によっては知られたくない情報という可能性もある。ここで、従来のプライバシーの定義につながるわけである。

このようにデータから推論を行うプロセスは、AIが得意とするものの一つであり、データのビジネス利用を支える核心の部分である。データ経済に関する文献によく書かれている逸話として、アメリカの「ターゲット社」というスーパーが送った広告のケースがある。ターゲット社は、購買データの分析から、妊娠初期の女性は特定のサプリメントや無香料のローションを購入する傾向があるという解析結果を得て、そのような商品を購入する女性客にベビー用品のクーポンなどを送付していた。あるとき、二〇歳ぐらいの娘を持つ父親が、娘のところにベビー用品のクーポンがあることを発見し、「うちの娘は妊娠などしていない」とターゲット社にクレームを言った。ところが、数日後、娘が父親に「実は妊娠した」と告げたのであった。購入された商品のパターンから、購入者は妊娠した女性であると推論したターゲット社のシステムの方が、娘と毎日顔を合わせていた父親よりも正しかったわけである。ここでも、外形的に観察できる行動から知られたくない情報を推論するという活動とプライバシーとの関係が問われている。

AI時代には、情報(データ)の収集と公開だけに着目していては、プライバシーの問題の核心を議論することができない。収集した情報(データ)を分析し、推論するという活動は、情報の使い方の問題であると言える。つまり、プライバシーに関して、いま問われている問題は、適法に収集された情報の使い方について、何も制約はないのかという点なのである。

「新時代の石油」

ここで、この節の冒頭で紹介したSuicaの事件に戻ろう。収集したデータの利用に関する問題であったとしても、この事案がなぜ利用者に不安を引き起こしたのかは釈然としない。寄せられた声から判断すると、「匿名化処理」といってもすぐに復元できてしまうのではないかなど匿名化の確実性に関する不安が原因であったかもしれない。しかし、情報の使い方が現代的なプライバシーの核心であるという観点からみると、個人の行動履歴が無償で使われるという点に対して、多くの人が反発を感じたのではないかという推測も成り立つように思われる。わかりやすく言えば、毎日、汗をかいて満員電車に乗り降りした履歴を、企業はタダで持っていくのかという感情的反発である。

この問題は、データ（情報）は誰のものか、という形で提起される場合もある。たとえば、消費者Xが、プラットフォームYを利用して、メーカーZの製品を購入したとき、その履歴は、X・Y・Zのうち「誰のもの」なのか。「誰のもの」という問いが、物を所有するときと同じような意味で、排他的・独占的に支配する権利を持つ主体は誰かという意味であるとすれば、法的には、答えは明確である。情報は、特許や著作権によって保護されていない限り、排他的に「誰かのもの」となることはない。「物」には形がある（第2章で説明したとおり有体物である）から、誰かが物理的に押さえていれば他人はその物を使用できないが、情報は、いったん公開されたら誰でもその情報を利用できてしまう。自分が持っている情報を他人に利用させたくないのであれば、情報を公表せず、隠しておくしかない（プライバシーなどを理由に公表しないように求めることも、その一種として理解できる）。法律的には、情報に対する独占的な支配権は認められないのであるしかし、データ経済の時代を迎え、データは「新時代の石油」(new oil)と呼ばれる宝の山とみられている。データは誰のものかという問いは、この宝の山から得られる利益がどのように分配されるのかという意味に理解することができる。さらに言えば、法的な支配権が存在しない中で、商品の購買やプラットフォームの利用などの際の契約(利用規約)にゆだねておくと、利益の分配が不公正になるのではないかという懸念が、その背後には隠されている。

EUの一般データ保護規則(GDPR)

EUで二〇一六年に成立し、二〇一八年五月に施行された一般データ保護規則(GDPR)は、EUにおける個人情報保護のルールを一新する制度である。EUでは、一九九五年にデータ保護ディレクティヴが制定され、各国で法制化されていたのであるが、当時はインターネットもまだ一般的ではなく、メールを仕事で使う人は少数派で、業務の文書はFAXでやり取りされていた。それ以来二〇年の間に起こった巨大な変化に対応するため、EUでは、二〇一〇年代に入ったころからルールの見直しが進められ、形式も、各国の立法措置にゆだねるディレクティヴから、各加盟国に直接適用されるレギュレーション(規則)へと変更して、GDPRの制定に至ったのである(EU法の二つの形式については、第2章で触れた)。

表3-1　GDPRが定める個人データ処理の6原則

①	適法性・公平性・透明性の原則	データ処理が適法，公平，かつ透明に行われること
②	目的限定の原則	データの収集及び処理の目的が限定されていること
③	データ最小化の原則	データ処理の目的との関係で最小限にとどめられること
④	正確性の原則	データが正確かつ最新の状態に保たれること
⑤	保存制限の原則	データの保存は処理の目的に必要な限度に制限されること
⑥	完全性・秘密性の原則	データの完全性及び秘密性を確保する方法で処理されること

ＧＤＰＲは、個人を対象として個人情報（ＥＵ法の用語では「個人データ」）が収集されるという関係を逆転させ、個人を「データ主体」と位置づけた。そして、個人データの処理に関して守られなければならない六原則を冒頭で定めている。六原則とは、①適法性・公平性・透明性の原則、②目的限定の原則、③データ最小化の原則、④正確性の原則、⑤保存制限の原則、⑥完全性・秘密性の原則、である（ＧＤＰＲ五条。それぞれの原則の内容については、表3-1を参照）。その上で、このうち①の「適法性」について、個人データ処理が適法に行われるためには、掲げられたいくつかの類型の一つに該当していなければならないとする（ＧＤＰＲ六条）。適法な処理の類例のうち最も代表的なものは、データ主体の同意にもとづく場合であるが、そのほかに、データ主体との契約を履行するために必要である

場合（商品の配送のために住所という個人データを収集・処理するケースなど）や、データ管理者・第三者の正当な利益がデータ主体の権利よりも大きい場合などにも、個人データの処理が適法と認められる。なお、ヨーロッパ企業のウェブサイトを閲覧しようとすると、「このウェブサイトはクッキーを使用しています。同意しますか」という表示がうるさいほどに出てくるが、これは、電子プライバシーディレクティヴという別の法令にもとづく規制であり、GDPRで導入されたわけではない（それまでおろそかになっていて、GDPRの施行に合わせて徹底するようになったという企業は多かったようである）。

GDPRは、このようにして個人データの処理にルールを定めた上で、個人データに関する「データ主体」の権利を明記した。その中には、もちろん、個人データが収集されたことについて情報提供を受ける権利（GDPR一三条・一四条）や、自分の個人データに対してアクセスする権利（GDPR一五条）、不正確な個人データの訂正を求める権利（GDPR一六条）のように、個人データ（個人情報）の保護に関する法制度であれば、一般的に認められるような権利も含まれている。しかし、それだけではなく、GDPRは、一定の場合には自分に関する個人データの削除を求める権利（GDPR一七条）、いわゆる「忘れられる権利」をも明記した。インターネット上には、何年も前の情報がそのまま放置されていることも多く、それが、検索によっていつまでも人の目に触れ続けるという場合がある。一定の条件が満たされたならば、そのような情報を削除させ、人々に「忘れてもらう」という権利がEUでは確立されたわけである。

また、自分に関する個人データを「一般的で読み出し可能なフォーマット」で受け取る権利(GDPR二〇条)も認められた。これは、「データ・ポータビリティ権」として知られており、いったん使い始めたサービスの中で個人データが蓄積されていくと、サービスが自分にカスタマイズされて便利になり、抜けられなくなるという状況(「ロックイン」とも言われる)を打ち破る手段として期待されている。このように、それまでに例のない画期的な権利を認めた点で、GDPRは、世界に衝撃を与えることとなった。

「現代の資源ナショナリズム」としてのGDPR

このGDPRを、後の時代の歴史家は、データ経済の時代に提起された「資源ナショナリズム」と評価するかもしれない。「資源ナショナリズム」は、一九七〇年代に大きく盛り上がった政治的な主張である。当時は、アメリカ、西ヨーロッパと日本が先進国と呼ばれ、アジア、アフリカ、ラテンアメリカの多くの国が発展途上国と分類されていた。その中で、石油をはじめとする天然資源は、発展途上国に多く埋蔵されていながら、それを採掘するためには技術と企業設備が必要であったために、先進国の企業が採掘し、商品化していた。そのような状況の下で、資源の埋蔵国に対する利益の分配が不当に少ないのではないかと主張され、埋蔵国の権利を正当に認めさせようという国際的な動きに至った運動が、資源ナショナリズムであった。

かつての資源開発企業と同じように、デジタル経済のプラットフォーム企業は、ユーザーから対価の支払いもなくデータを集め、巨額の収益を上げている。その収益の源泉が、EU域内で五億人に達する消費者のデータであるとすれば、データを持つ側の権利を正しく認めさせよう、という主張が生まれたとしてもおかしくない。GDPRの制定の背後にこのような意図があったと仮定すると、資源ナショナリズムとの共通性がわかりやすくなる。そこにあるものは、法的な意味での「データに対する権利」とは別の意味で、収益の源泉に対する「権利」の主張、つまり実質的には分配の要求である。

しかし、データの場合、元になる個々の行動の規模はきわめて小さいので、GDPRが「データ主体」の権利を高らかに宣言しても、一人ひとりの「データ主体」に分配される経済的な利益は、ほとんど意味のある金額にはならない。データに対する権利の承認が実質的に意味を持つためには、そこで承認された権利を「データ主体」の利益へと具体化するためのしかけが必要であろう。現実的には、「データ主体」が個人データの利用に同意すれば、ユーザーとして受けられるサービスの条件が有利になるという仕組みを作っていくことになると思われる。

情報銀行が開く可能性

このような「データ主体」の利益を実現する上で注目されている仕組みが「情報銀行」である。「情報銀行」といっても、金融機関としての銀行ではない。預金者が銀行に預金をするように、個人のデータ管理を任せられる存在をイメージした表現である。情報銀行が提供するサービスについて「情報信託機能」という用語が使われることもあり、こちらの方が、より的確に仕組みの内容を表している。

個人を「データ主体」として認めるのであれば、自分のデータ（個人情報）を、自分の意思にもとづいて管理できるような仕組みが必要とされるであろう。そのような仕組みは、ＰＤＳ（パーソナル・データ・ストア）と呼ばれる。個人のデータを専門のサーバーで管理し、本人からの指示がある場合に限って、それを指定された企業などに提供するというサービスである（これは、銀行に預金している状態に近い）。しかし、ＰＤＳでは、個人データを提供するたびに本人が指示をしなければならないので、いちいち指示を出す本人も面倒であり、結果的にはデータの提供がおっくうになる可能性が高い。それでは、データの利用に同意を与えて、対価の分配を求めるということは望み薄になる。

そこで、データの管理を専門のサーバーに任せると同時に、どのような相手方に対してデータを提供するかについての基準をあらかじめ決めておくという仕組みが考えられる。具体的な提供の要請に対しては、管理を任された専門業者が基準に従って判断し、本人の同意に代わる許諾を与える。これが、「情報銀行」と一般に呼ばれている仕組みである。「情報銀行」のサービスは「情報信託機能」とも呼ばれると述べたが、信託の仕組みでは、財産の管理や処分が専門業者(信託会社)にゆだねられ、その利益は、信託の中で指定された主体(受益者)に給付される。情報銀行の場合、データを管理して、基準に合致する相手方へのデータ提供を認めることが信託を引き受ける事業者の役割になるわけである。

この仕組みを活用して、有料の衛星放送を提供するスカパーJSAT株式会社が、「スカパー!情報銀行」の実証実験を二〇一九年七月に開始した。スカパー!の契約者は、「スポーツ」「海外ドラマ」「アニメ」などの中から選択した有料放送チャンネルを契約しているので、その契約内容は、契約者の好みや関心をおおよそ示していると言える。そこに、アンケートに答えてもらった内容や、ウェブサイトの閲覧や商品の購買履歴などの情報銀行として預かった個人データを加えれば、契約者本人のニーズが的確に把握でき、それにマッチした広告や「レコメンド（おすすめ）」を示すことも可能になるであろう。情報銀行である以上、そのような広告やレコメンドのために個人データを提供してよいかどうかは、あくまでも、あらかじめ契約者から示された基準に従って判断する。そして、実証実験の計画として公表された内容によれば、個人データの提供に同意した契約者に対しては、スカパー！の視聴料が割り引かれるようである。その点で、この取り組みは、「データ主体」に個人データの利用の対価を還元し、データ経済の果実を分配するための仕組みとして大きく成長するポテンシャルを持っている。EUの制度をきっかけとして意識されるようになった「データ主体」の利益を現実化する仕組みが、日本で開発され、定着するようであれば、そのフォーマットをEUに逆輸出しても面白いであろう。

2　誰のプライバシーか

AIスピーカーとプライバシー

AIを利用した製品には、AIスピーカーのように、すでに家庭内に入り込んでいるものもある。家電量販店には、すでに何種類ものAIスピーカーが売られている。スピーカーという

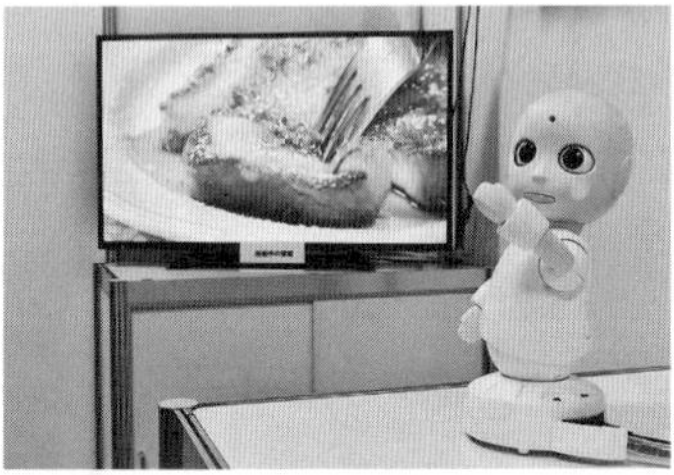

図3-1　テレビ視聴ロボット（提供：NHK）

名称ではあるが、機能としては、むしろユーザーの音声を認識し、それに対して適切な返答をするところが重要であり、ＡＩもその部分に使われている。

現在のところ、実際的な利用方法は商品の注文であろう。また、スマート家電と結びつけて、音声で電気をつけたり、カーテンを開けたりするというような用途も考えられている。それとともに、ＡＩスピーカーをいわばペットのように位置づけて、老人が孤独を紛らわすために話しかけるという使われ方もあるであろう。ＮＨＫの放送技術研究所では、テレビを見る際に、人間の脇に置いて一緒に楽しむためのロボットの研究なども進めているという。ロボットにはＡＩスピーカーが組み込まれていて、番組の映像や音声を認識し、関連する話題で人間に話しかけてくるのである。

このようなＡＩスピーカーについては、相手がロボットだと思って、プライバシーに属することがらも話しかけてしまうと、その内容が記憶される可能性があるので、ユーザーはプライバシーの漏洩に注意しなければならないと言われることがある。もちろん、記憶装置がハッキングされて、旅行で留守にする予定などが犯罪者に盗聴されてしまう危険も、ゼロとは言えない。しかし、問題はセキュリティだけではない。たとえば、老人がいつも息子夫婦の悪口を言っていることを「学習」したAIスピーカーは、「息子さんが冷たくしてお母さんはつらいですね」などと話しかけるようになるかもしれない。たまたまその息子の家族が訪ねてきていたときに、AIスピーカーがそのように話しかけてしまったら、気まずい空気になるであろう。ここでは、プライバシーといっても、家族内でのプライバシーが問題になってくる。そのような問題が生ずる理由は、AIスピーカーが、個人専用の端末ではなく、家族で共用する空間において使用されるというところにある。

スマートテレビの視聴履歴

第1節で述べたとおり、EUのGDPRは、データのもとになる行動をとった個人を「データ主体」として位置づけ、データに対する処分権をこの「データ主体」に与えた。日本の個人情報保護法も、基本的な構造は共通しており、個人情報を取り扱う際には利用目的を特定することが義務づけられ、その利用目的達成に必要な範囲を超えて個人情報を取り扱うためには、「本人の同意」が必要になる(個人情報保護法一五条・一六条)。本人の人種や信条、病歴、犯罪の経歴など差別や偏見の原因になりかねない個人情報(要配慮個人情報)は、原則として、「本人の同意」がなければ取得することが許されない(個人情報保護法一七条二項)。また、個人情報を取得した事業者(個人情報取扱事業者)が、自己使用ではなく第三者に個人情報を引き渡して利用させるためには、原則として、「本人の同意」が必要になる(個人情報保護法二三条)。ここで、「本人」という部分は、一見当たり前のように見えて、重要な問題をはらんでいる。パソコンやスマートフォンなどの場合は個人で使用する端末なので問題が顕在化しないが、AIスピーカーのように家族で使う機器がデータを取得する場合には、「本人」をどのように考えたらよいか、判然としなくなるのである。

家族で使う機器としては、テレビも考えられる。スマートテレビと呼ばれるテレビ受像機は、インターネットに接続して、同じディスプレイを使ってネット上のコンテンツを見ることもできる。そして、テレビ放送もデジタル化されたため、視聴した番組をデジタルデータとして解析し、それに対応した広告を表示したり、コンテンツの「おすすめ」を提示したりすることができる。たとえば、テレビのAチャンネルでは料理番組でパスタ料理を取り上げ、Bチャンネルのワイドショーではパンケーキを紹介したとき、Aチャンネルの料理番組を見た視聴者のテレビにはパスタを特売するスーパーの広告が表示され、Bチャンネルのワイドショーを見た視聴者の画面には近くにあるパンケーキ店のクーポンが示されるといったターゲティング広告も可能になる。

このとき、どの番組を見たか(見ているか)という視聴履歴は、個人情報にあたるから、日本では個人情報保護法、EUであればGDPRにもとづいて、その取得と利用について同意をとらなければならない。しかし、テレビは、家族で視聴するものなので、誰の同意をとればよいのかがわからなくなる。もちろん、テレビを個室に置いて個人で楽しむ場合もあるであろうが、ダイニングなどに置かれて家族が一緒に見たり、一日の中で、時間帯によりそれぞれが楽しんだりするテレビの場合には、この点が問題になる。

視聴履歴取得への同意と家族構成員

スマートテレビの販売店では、「視聴履歴の取得に関する同意書」を用意し、店頭での販売時、あるいは自宅への配送時に、それに「同意」の意思を表示してもらうという対応が考えられる。そのとき、家族の中の一人が「同意書」に署名しても、署名者以外の視聴履歴について、取得に同意を受けたことにはならない。そこで、現実的には、「同意書」に「家族全員を代表して同意します」といった文言を印刷しておいて、本人だけでなく、家族の視聴履歴についても、家族に代わって同意を与えるという体裁がとられることになろう。

この方式が、法的に有効なのかどうかは、実ははっきりしない。たしかに、民法では、夫婦の一方が「日常の家事に関して」行った行為について、他方も連帯して責任を負うという制度になっている(民法七六一条)。また、親子関係では、親(正確に言えば親権を行う者)は、未成年の子を代理(代表)する権限を持つ(民法八二四条)。しかし、これらは、契約などの「法律行為」についての規定である。個人情報の取得に対する同意は、個人情報保護法の体系から判断すると、契約(法律行為)ではないと考えられる。すると、直接にはこの規定の適用対象とはならない。

家族全員の分まで「同意」をとったつもりが、後から、家族の一人がその話は聞いていないと言い出すと、さらに面倒な問題が発生する。たとえば、夫が家電量販店を訪れてスマートテレビを買い、「同意書」に署名してテレビを持ち帰ったとしよう。翌日、妻と名乗る女性から電話があり、テレビを買うことは理解していたが、視聴履歴の取得などという問題があるとは知らなかった、それに同意する権限を夫に与えたことはないので、同意していないという扱いにしてほしいと言ってきたら、量販店ではどのように対応すればよいのであろうか。その翌日、今度は夫から、夫婦で話し合って納得が得られたからやはり「同意」のままでよいと連絡があったらそれを信用してよいか、などいろいろなケースを想定していくと、何が正しい対応なのかわからなくなっていく。同意なくして視聴履歴を取得する方が、本当は有効な同意があるにもかかわらず視聴履歴を取得しないことよりもリスクが高いから、現場では、「同意しない」という意思がどの段階かで示されたらそちらを優先するという取り扱いになるのであろう。

家族の中のプライバシー

家族構成員の視聴履歴という問題は、視聴者と企業の関係にかかわるが、家族の中にもプライバシーの問題はある。大人が深夜に犯罪映画を見ていたことが視聴履歴として記録され、翌朝、子供のいる前でテレビをつけたときに、似たような犯罪シーンを含む映画が「おすすめ」として表示されたら困るであろう。同じような問題は、自動車についても考えられる。自動運転が進んで、個人が自家用車を所有しなくなればまた別であるが、その段階に至るまでは、自動車もテレビと同じように、家族で利用するという特徴を持つ。家族に心配をかけないようにと気を遣って、病院に行ったことを言わずにいたにもかかわらず、翌日、家族が同じ自動車に乗った際に、履歴にもとづいて薬局の広告が表示されると、隠していた通院の事実がわかってしまう。これも、家族間のプライバシーという問題ではないか。

実は、ここにもまた、法の体系が持っている前提のほころびが現れているのである。現在の法の体系は、「個人」を基本単位として組み立てられている。第6章で詳しく説明するが、日本の法も含め、近代の法は、歴史をたどると古代ローマの法に行きつく。その古代ローマでは、すべての人がそのような意味の「個人」として認められたわけではなく、家族集団のリーダーだけが権利と責任の主体であったと言われる。当時の制度の下では、奴隷や妻、子供などは権利を与えられていなかった。しかし、奴隷の制度は、遅くとも一九世紀には消滅し、さらに時間を要したものの、結婚して妻となった女性にも、夫から独立した権利が認められるようになった。日本では、第二次世界大戦後の昭和二二(一九四七)年に民法が改正され、妻の行為能力を制限する規定が削除された。そうした経緯を背景に、現代の法は、「個人」という前提に焦点を合わせて問題を解決しようとしてきた。家族も、未成熟な子供は特別扱いされるものの、基本的には、このように主体と認められた個人の集まりとして位置づけてきたのである。

EUのGDPRが個人を「データ主体」としたことは、そのような現代の法の建前からは、当然の選択であった。おそらく、この点に疑問が抱かれることすらなかったのではないかと思われる。ところが、データは法律上の主体かどうかに関係なく、大人からも子供からも、動植物や機器からも収集される。そもそも、デジタル経済の時代には、データの収集は、多くの場合、機械的に行われるできごとにすぎず、法的に意味を持った取引ではない。「データ主体」

である個人の権利という道具だけで対応するには、この現実は複雑すぎる。言いかえれば、必ずしも法的な位置づけを持たない「できごと」に対して、法律上の主体は誰かという議論をしようとする点に、難しさの根源があるように感じられる。

ビッグデータの時代

ここで改めて、現代社会におけるデータの意味を考えておこう。二〇一〇年代に入ってから、「ビッグデータ」という言葉が広く知られるようになり、ビッグデータが経済や社会を変革すると言われるようになった。「ビッグ」という表現はデータの量(volume)が大きいことを意味しているが、それだけではなく、さまざまな種類や形式のデータが含まれるという多様性(variety)と、データが生み出される速度(velocity)を合わせた「三つのv」が特徴であるとされることが一般的である(ほかにもvで始まる特徴を並べる見解もある)。多様性の面では、表の形式で整理されたデータや簡単に表の形式に整理できるデータのような構造化データだけではなく、音声や画像などの非構造化データが解析の対象に含まれる点に、二〇世紀までのデータ分析とは異なるビッグデータの新しさがある。また、速度に関しては、カメラやセンサーなどからリアルタイムで画像や動画が取得されたり、人々がSNSに書き込みをしたりウェブで検索したりする内容がデータとして刻々と蓄積されていくようになっている。

そうしたビッグデータの活用例として、たとえば、人工衛星を利用して農作物の品質を向上させた事例がある。人工衛星は、光線や電波が農作物に反射した値を観測してデータ化することができる。そこで、農作物の一部をサンプルとして採取し、その品質（たとえば、米に含まれるたんぱく質）と衛星によって観測されるデータの関係を調べて、法則性を発見する。いったん法則性が解明された後に、農地全体を衛星で観測すると、どのあたりに生育する農作物の品質がよく、どのあたりの農作物は品質が落ちるかということを推定できるわけである。石川県の羽咋市では、すでに二〇〇六年に、アメリカの商用衛星からデータを購入しておいしい米を収穫時に選び出し、「神子原米」としてブランド化した。佐賀県の嬉野市では、ＪＡＸＡ（宇宙航空研究開発機構）の衛星データと、茶園に設置した近接カメラの画像なども併用して品質管理を行い、「うれしの茶　衛星の恵み」として販売している。衛星で観測したデータや茶園に設置されたカメラの画像は、非構造化データの典型であり、またリアルタイムのデータである。それらの解析から、農作物をブランド化し、高い付加価値を付けたという点で、これらの事例では、ビッグデータが有効に活用されたと言うことができるであろう。

同じような衛星画像の活用事例として、石油備蓄タンクの衛星画像のケースも知られている。

石油備蓄タンクは、備蓄量が減少すると蓋が下がるので、壁面が蓋の上に影を作る。人間は石油備蓄タンクを上から眺めることはないから、それには気づかないが、衛星から観測すれば、影の長さは簡単に測定できる。そのデータから石油の備蓄量を推定した結果は、原油の商品相場で、投資判断の材料として利用されているそうである。

衛星からの観測データとプライバシー

ビッグデータの解析では、このように、インターネット上から収集されるデータと並んで、人工衛星による観測データが多く利用されている。ところが、人工衛星による地上の観察についても、法的には、家族のプライバシーとやや共通する問題が発生している。

地球を観測する衛星が初めて宇宙を飛んだ時、それを自由に認めてよいかという問題が国際的な大きな議論となり、一九八〇年代の前半までは、宇宙から地表をのぞき込むことになるので、人工衛星から他国を観測する活動は主権の侵害に当たるという主張も強かった。そうした中で、宇宙活動は人類の可能性を拡大するものであるから、地上の主権にかかわらず地球観測衛星を飛行させる自由は認められるが、観測された国は、宇宙活動がもたらした成果として、その観測データを利用する権利を持つという考え方で歩み寄りが成立した。これは、一九八六年に国際連合の総会で採択された「衛星リモートセンシングに関する原則」という決議に盛り込まれた。そして、観測される側の国の権利を実現するために、人工衛星による観測データを可能な限り公開し、全世界で共有するというプロジェクトが進められた。このプロジェクトはGEOSS（全球地球観測システム）と名付けられ、段々に充実しつつある。

国際法は、国内の法の体系とは逆に、基本的に「主権国家」を単位として組み立てられ、個人には、例外的な場面を除いて主体としての地位を認めない（古代ローマの家族集団に相当する存在が、主権国家だと考えればよい）。そのため、この「原則」でも、国内の個人や企業の利益については、まったく触れられていない。先に紹介した人工衛星データの活用例のうち、神子原米やうれしの茶の事例は、観測される事業者（農家）が自ら望んで観測データを入手し、そこから利益を得ているので問題がないように見えるが、石油備蓄タンクの事例になると、利益を得ているのは投資家であり、石油会社は、関与もないままにデータを吸い取られている状態である。今後、人工衛星による観測データの利用がますます盛んになると、個人を特定し、個人の行動を明らかにするようなデータも収集されるようになるであろう。家族の中のプライバシーと同じように、国家の中の個人や企業のデータに対する権利をどのように考えるのかという問題が、そのとき浮上するのである。

このように、データの問題は、法的な主体を、国内の一般的な法律では「個人」、国際法では「主権国家」とする現在の法の建前からは、うまく解決できない場面がある。そして、そのように言っている間にも、データの収集や利用は進んでいく。「財物からデータへ」という変化は、その意味で、法的な枠組自体の有効性を揺るがしかねないのである。

3　情報法の構造

データ収集の対価と知的財産権

データを提供する個人の側からみると、データ経済をリードする巨大企業は、他人のデータから巨額の富を引き出しているように見える。そのため、データ経済にかかわる法制度としては、プライバシーや個人情報保護の問題が注目されやすい。しかし、データを収集し、複数のソースから集められたデータを統合した上で、解析して有益な結論を導き出すためには、大がかりなシステムが必要になる。プラットフォーム企業とは、そうしたシステムに投資する企業のことであるといってもよい。そこから、データの収集と解析に対する投資を知的財産権によって保護する必要はないのかという考え方が生まれる。

実は、GDPRによってビジネス界を騒がせたEUは、二〇年前には、このような意図で「データベース権」という制度を導入した。一九九六年に制定された「データベースに関するディレクティヴ」にもとづく制度である（GDPRとは違い、データベース権の制度は、第2章で説明したEUの法令の形式のうち、「ディレクティヴ」の形式をとっている）。当時は、もともとアメリカの軍事用として発達してきたインターネットが民間（商用）に開放され、また、ウィンドウズパソコンが普及し始めるなど、デジタル経済の時代を迎える兆しが見えていた。そこで、EUの政策担当者は、これからの時代はデータベース産業が支配すると予見した。一九九六年の時点で抱かれたこのような見通しが、どれほど的確なものであったか、改めて驚かされる。

新時代をリードするデータベース産業をEU域内で育てるためには、企業がデータベース構築のために投資を行ったとき、その収益が確保され、投資が回収できるという見通しが立っていなければならないとEUでは考えられた。現代社会で、投資からの収益を確保する上で有効な制度は、特許権や著作権などの知的財産権である。このうち特許権は、新しい技術的な発明に対して、独占的な権利を認めて保護するという制度であるが、「データベース」それ自体は何かを発明した結果ではないので、特許権を認めるというわけにはいかない（データベースを作り出すためのシステムやソフトウェアについては、その発明について特許権の成立が認められることがある)。

著作権は、著作物について独占的な権利を認め、著作物を生み出すという創作活動の対価を確保させようとする制度であるとされ、権利の成立について、「創作性」が必要になる。ところが、データベースを構成する個々のデータは、収集されたものであって、創作によって作り出されたものではない。データ自体を創作したわけではなくとも、そのデータの配列についてオリジナリティがあればデータベースとしての創作性は認められるという考え方は広く受け入れられているが、その場合、著作権によって独占的な権利が認められる範囲は、オリジナリティのある配列の部分に限られてしまう。

EUのデータベース権

そこで、構築されるデータベースそれ自体を排他的、独占的に支配する権利が、知的財産制度の中に必要ではないかという発想が生まれた。その結果が、新しい知的財産権として導入された「データベース権」である。「データベース権」は、データ(素材)を一定の方法で配列した「データベース」に対する権利であるが、データ(素材)の収集、確認、表示のうちどこかの段階について「実質的な投資」を行った場合にのみ、権利が成立する。ひとたび「データベース権」が成立すると、その中の実質的な部分を抽出したり、複製したりする行為は、権利の侵害として禁止される。「実質的な投資」という要件が抽象的であったため、制度の導入後、どのような関与をしていれば「実質的な投資」と認められるかをめぐって訴訟が数多く起こされることになった。ともあれ、データベースの作成に対して（実質的な）投資をすれば作られたデータベースの盗用に対して保護されるので、この制度は、データベースに投資しようとする企業に対してインセンティヴを与え、ひいてはヨーロッパにデータベース産業が花開く基盤になると期待された。

このように鳴り物入りで創設されたデータベース権であったが、データベース産業の育成という目的からみると、効果は上がらなかった。制度の導入から二〇年を経て、世界を支配するプラットフォーム事業者の中に、ヨーロッパ（EU域内）から生まれた企業は一つもない。データベース権は現在もEU法の体系の中で存続しており、廃止されたわけではないが、産業政策としてみれば、データベース権の創設は失敗であったと言わざるを得ないであろう。

ここからは、二つの教訓が読み取れるように思われる。一つは、法制度を整えても、産業が成長するとは限らないということである。法制度という表現を使うと、政府による規制なども含まれてしまうが、少なくとも、知的財産法のように取引に関する法制度は、産業の成長にとって十分条件であるとは言えない。また、そもそも必要条件であるかどうかも疑わしいように思われる。アメリカのGAFAがここまで巨大になった理由は、全世界のユーザーに受け入れられるビジネスモデルを開発し、ユーザーからデータを取得できたからである。インターネットが普及し始めた頃、情報を調べるためには、それぞれのウェブサイトのドメイン名を覚えておいてそれを入力し、ホームページからアクセスする必要があった。そのような時代に、検索エンジンというアイディアが生まれ、断片的な手がかりから必要な情報にたどり着くことを可能にしたのである。ところが、初期の検索エンジンは、開発者がインターネット上のウェブサイトを調べあげて、手作業で入力していたといわれる。そこに、機械学習による検索という考え方を取り入れたために、グーグルの検索エンジンはインターネットを利用する際に不可欠なツールとなった。さらに、検索結果の表示を広告のように扱って広告料をとるというビジネスモデルを編み出したことから、グーグルのビジネスモデルが完成したのである。アメリカの法制度に、検索エンジンへの投資に対して対価の回収を保障する仕組みがあったわけではない。

もう一つの教訓は、仮にデータベース産業を支援するための法制度を設けるのであれば、知的財産権という制度は適していなかったのではないかという問題である。知的財産権は、情報という無形の存在(ここではデータベース)に対して独占的な支配権を与える制度である。この独占的な支配権は、財物(有体物)に対する所有権と同じような権利として制度が作られている。しかし、物と情報では性質が異なるため、情報に対して、所有権と同じような独占的支配権を創設してしまうと、権利が強すぎて、かえって情報産業の発展を阻害してしまう危険が大きいのである。

エレクトロニクス業界に生じた「特許の藪」

情報に対する権利が強すぎるとかえって情報産業の発展を阻害するとは、どういうことか。たとえば、保険業界では、被保険者の行動に関するデータを取得して、保険料に反映させる取り組みが始まっている。具体的には、ウェアラブル端末で、毎日歩いた歩数などを計測したり、血圧や心拍数などを測定したりして、被保険者の健康状態を把握する。保険会社は、運動量や血圧などの数値と病気になる確率との関係をデータ化して(データベースとして)持っており、それぞれの被保険者に関する数値から、病気になる確率が低いと判断できる被保険者に対しては、保険料を割り引いたり、契約後に還付したりするのである。アメリカのベンチャー企業が開発したクロノス(CHRONOS)というソフトウェアは、保険会社が、保険料を算出する際に使用することを目的としているが、自撮りした顔の写真をＡＩに認識させ、老化率や喫煙習慣の有無等を判定できるという。

このとき、被保険者に関するデータはウェアラブル端末にインストールされたアプリによって収集されるので、EUの法制度の下では、アプリ運営者がデータベース権を主張するであろう。歩数の測定と血圧の測定が別のアプリで行われる場合は、一人の被保険者に関するデータについても、複数の権利者が存在することになる。それらの数値と病気になる確率との関係に関するデータベースは、医療機関や研究グループなどが保有していて、そこにもまたデータベース権が成立する。保険会社がそうした取り組みを数年間続けていけば、保険会社自身にデータが蓄積され、またデータベース権が成立する。こうしていくつも重なり合う権利のすべてについて利用権を設定し、利用料を取り決めて契約を結び、ビジネスを組み立てていこうとすると、非常に大変な作業が発生することは容易に想像できる。いったんビジネススキームを組んだ後に、一部のデータについて、データベース権を持っていると主張する権利者が現れて、トラブルになる危険性も考えておかなければならない。

実は、これと同じような問題は、特許権のような従来からの知的財産権をめぐって、すでに現実化している。エレクトロニクス業界では、一つの製品に数千件の特許権が関係すると言われるが、特許権には差止請求権が認められているので、どの一つの権利が行使されても、製品の製造が止まってしまう。だからといって、すべての権利について個別に使用許諾(ライセンス)の合意を結ぼうとすると、契約の本数だけで膨大になってしまい現実的ではない。そのため、権利者間で、保有するすべての特許権について包括的に許諾しあう(クロスライセンス)とか、特許権者がそれぞれの持つ特許権を提供してプールを作り、プールされた特許権については、包括的に許諾を与える(パテントプール)といった実務が発達してきた。製品のどの部分について、どの特許が効力を持っているかを正確に分析しようとしても、ほとんど不可能なほどに多数の特許権が重なり合っているといわれる。この状況を「特許の藪」と呼ぶ。

特に、エレクトロニクス製品の場合は、相互に接続し、通信しあう必要があるため、業界で「標準規格」を作り、インターフェイス部分を共通にしなければならないが、標準規格に採用された技術に含まれる特許権が深刻な問題になる。標準規格になった技術は、すべてのメーカーが使用することになるので、いったん標準規格が決定された後に特許権者が現れて、高額の使用料を請求すると業界全体が大混乱になるのである。そこで、標準規格の中で必ず使うことになる特許(標準必須特許)については、特許権としての絶対的な効力を制限してもよいのではないかといったことすら議論されている。

データの利用も、同じように、さまざまなソースから収集したデータを統合し、解析することで大きな効果を発揮する。そうしたデータのそれぞれに、特許権や著作権と同じように絶対的な効力を持つ「データベース権」が成立すれば、エレクトロニクス製品で現に起きている混乱と同じような「データベース権の藪」が出現することは、目に見えている。それは、かえってデータ経済の足かせになるであろう。

限定データの不正競争行為に対する保護

平成三〇（二〇一八）年に、今度は日本が、ビッグデータの時代を勝ち抜くためのデータ保護の法制を導入した。もっとも、二〇年前のEUの失敗から学んだのか、特許権のような独占的支配権を新設するのではなく、いわゆるビッグデータの盗用や不正使用に対して対処できるように、不正競争防止法を改正するという方法が選択された。

不正競争防止法は、「不正競争行為」にあたる行為が行われた場合に、それに対する差止請求と損害賠償請求ができるという制度である。差止請求という表現からは、「やめるように」という裁判所の命令が出されることだけを想像しがちであるが、不正競争行為に使われた物や設備などの廃棄処分を命令することも含まれる。問題となった不正競争行為がデータの盗用である場合、盗用された被害者は、そのデータをコピーした記録を消去する命令を裁判所に求めてもよい。
平成三〇年の改正は、この「不正競争行為」の中に、次のような行為を追加した。

①「限定提供データ」を不正に取得する行為（権限がないにもかかわらず、不正にアクセスして盗み出したり、だまし取ったりする行為）
②「限定提供データ」を不正開示・不当利用する行為（アクセス権は持っているがそれに関して取り決めなどがあるときに、その取り決めに反して公開したり使用したりする行為）
③不正取得・不正開示の介在を知って「限定提供データ」を取得し、使用・開示する行為
④不正取得・不正開示の介在を知ってから「限定提供データ」を開示する行為

ここで「限定提供データ」とは、第2節で説明したビッグデータのことで、ＩＤ・パスワードや認証などの電磁的な方法によって管理され、限られた相手方に対してのみ利用を認めるデータであって、かつ、相当量蓄積されたものをいう。相当量の蓄積という部分で、「ビッグ」データに限るという趣旨が表現されている。

この改正法では、限定提供データが管理されていることは前提になっている。ビジネスの仕

組みを考えると、限定提供データの管理というときに最も重要な部分は、どの関係者がどの範囲でデータにアクセスできるかという権限を割り振るところである。不正競争防止法の改正という方法を選択し、絶対的な権利の創設を避けたということの意味は、アクセス権限の割り振りを誰が行うのかについて特定しなかったところにある。先の保険料割引の例でいえば、それは、保険会社かもしれないが、ウェアラブル端末のアプリ運営者かもしれず、また、端末のOS提供者であってもよい。それはビジネスの仕組みの問題として関係事業者の間で契約により取り決めるべきことがらであり、法は、どのような仕組みでなければならないかについて強制はしない。法制度は、そうした契約による秩序を乱す行為について、不正競争行為として規律するところに、役割を限定したわけである。

ここには、絶対的な権利を設けるとデータの利用がかえって妨げられるという第二の教訓が意識されていると言えよう。しかし、EUのデータベース権の顚末が教える第一の教訓も忘れてはならない。どれほどよい制度を作ったとしても、それは産業を育成する上での十分条件ではない。日本にデータ経済の時代をリードする企業が生まれるかどうかは、結局は、世界の消費者に広く受け入れられるようなビジネスモデルの成否にかかっているのである。

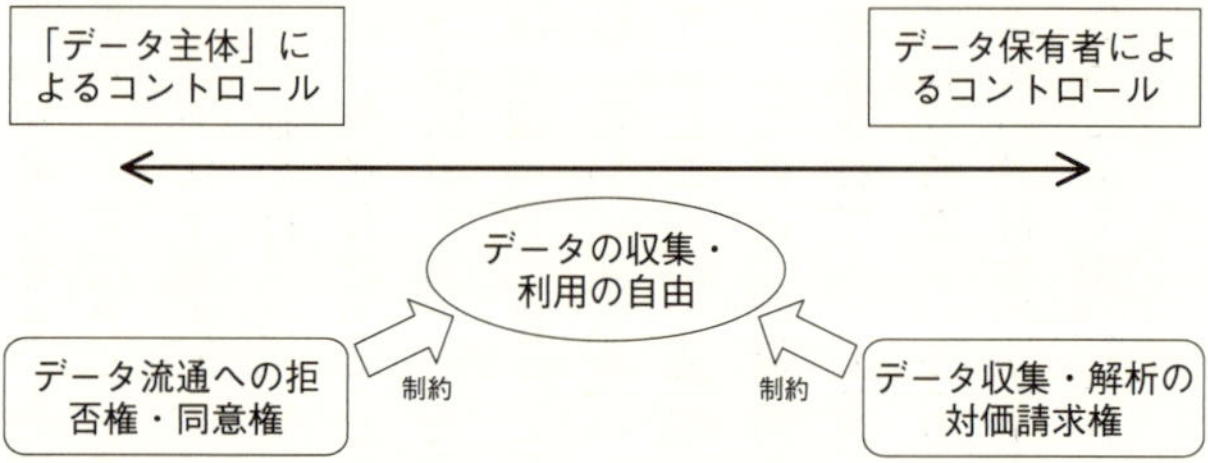

図 3-2　情報法の基本構造

情報法の構造

情報に関する法制度のあり方は、一方でプライバシーや個人情報、他方では知的財産権や不正競争という分野にまたがっているため、全体像がわかりにくい。二つの分野を総合して、図3-2のように理解することが有益であろう。

図の左側は、情報が成立する対象者の利益を示す。くだけた言い方をすれば、「誰についての情報か」という問題である。そして、ここには、第1節で説明したとおり、性質の異なる二つの利益が含まれている。一つは、この対象者が、自身に関する情報を承諾なく利用されたくないという利益であり、いわば情報の利用に対する拒否権である。もう一つは、情報を利用して得られる経済的な利益が対象者に対しても分配されることの利益であるが、それを情報利用に関する分配請求権と呼んでおこう。

図の右側は、データを収集し、解析した者の利益である。データの収集と解析は、全体として情報を生み出す行為であるから、情報の保有者の利益と考えてもよいであろう。そして、こちら側にも、二つの異なるアプローチがある。第一のアプローチは、法律によって情報の保有者が誰であるかを特定し、その者に情報に対する支配権を付与するというアプローチであり、第二のアプローチは、情報の保有者が誰になるかは、関係する事業者間の取り決めによって決められるというアプローチである。第二のアプローチをとる場合、事業者間の取り決めは、法的には契約になるので、当事者の契約違反や第三者の行為によって、契約の予定する秩序が乱される可能性がある。そうした契約秩序を乱す行為を法的に規制しようとした制度が、不正競争防止法による「限定提供データ」の保護であると位置づけられる。

図の左側の「対象者の利益」も、図の右側の「保有者の利益」も、それらの利益に配慮しなければ情報を利用してはならないという意味であるから、情報の流通と利用に対して制約をかける結果となる。しかし、情報に関する法制度の目的は、究極的には、情報の利用を促進し、それを通じて、関連産業を振興するとともに、社会を豊かにするところにある。情報の対象者と保有者の利益は、どちらも重要であり、データ経済の時代にますます配慮を必要とするが、それらの利益の主張が強ければ強いほど、究極の目的である情報利用の促進と矛盾するというジレンマが存在することになる。それが、この図からわかる最も重要な点である。情報に関する法制度の設計や運用にあたっては、ここにジレンマがあるという構造を正面から認めた上で、適切なバランスを図っていく必要があるであろう。

第4章　法と契約と技術——何が個人を守るのか

1　ＡＩに関する原則と「コード」の支配

智連社会と Society 5.0

日本では、ＡＩの開発や利用にかかわる研究者や企業と政府が共同して、ＡＩに関するルールを作る試みが進められてきた。政府の中では、総務省が、この動きを早い時期からリードした。正確には、総務省の下にある情報通信政策研究所の活動と位置づけられている。

最初は、二〇一五年に、情報通信政策研究所を事務局として「インテリジェント化が加速するＩＣＴの未来像に関する研究会」が立ち上げられた。この会合は、「ＩＣＴインテリジェント化影響評価検討会議」「ＡＩネットワーク化検討会議」と名称を変えながら継続され、現在は、「ＡＩネットワーク社会推進会議」となっている。当初の会合の名称に、ＩＣＴ（情報通信技術（information and communication technology））が含まれていたことからもわかるように、これら一連の会合では、ＡＩシステムを単体として取り上げるのではなく、ＡＩシステムがネットワークに接続され、相互に連携することで、社会に対して、より大きな貢献を果たすという点に着目している。このような評価を示す表現として、会合の報告書には、しばしば「智連社会」

という言葉が登場する。個々のＡＩシステムによって生み出される「智」が、ネットワークを介して連なり、人々の生活を一層豊かにする社会という意味である。

高度なＡＩシステムがネットワークにより相互接続されて社会的に有益な機能を発揮するという考え方は、政府が「第五期科学技術基本計画」の中で打ち出した「Society（ソサエティ）5.0」の理念と共通する。Society 5.0 は、日本が目指す近未来の社会のことであるとされる（もっとも、元になった「第五期科学技術基本計画」の本文には、これに相当する定義のような表現は見当たらない）。その後、Society 5.0 については、「ＡＩ、ＩｏＴ（Internet of Things）、ロボット等先端技術が社会に実装され、今までにない新たな価値を生み出し、多様な人々がそれぞれの多様な幸せを尊重し合い、実現でき、持続可能な人間中心の社会」が実現すると説明されるようになった。これは、日本政府全体として推進する科学技術政策なので、ＡＩに関するルールも、その中に位置づけられなければならない。

こうして、まず、内閣府の総合科学技術・イノベーション会議において、社会の中でＡＩをどのように位置づけ、受け入れていくかという問題に関する「ＡＩ社会原則」が検討されることになった。ＡＩネットワーク社会推進会議が従来から検討してきたＡＩの開発や利用に関する原則は、その下に位置づけられるという整理がなされた。

人間中心のAI社会原則

そこで、まず、ＡＩ社会原則の内容を見ると、題名に「人間中心の」という表現が盛り込まれている点が注目される。原則を検討するため、総合科学技術・イノベーション会議の下に設置された会合の名称自体が「人間中心のＡＩ社会原則検討会議」であるから、この点は、当初から重要なポイントとして意識されていたことがわかる。ＡＩがどれほど高度になり、広く普及するようになったとしても、人間がＡＩを使いこなすのであって、ＡＩに人間が支配されるような社会にはしないという意思の表明である。この点をかみ砕いて、「ＡＩ社会原則」は、Society 5.0で実現されるべき三つの価値を掲げている。「人間の尊厳が尊重される社会（Dignity）」、「多様な背景を持つ人々が多様な幸せを追求できる社会（Diversity & Inclusion）」、「持続性ある社会（Sustainability）」である。ＡＩの活用を通じて人間の能力が拡張されると、仕事が効率的になって長時間労働から解放されること（人間の尊厳）、障害を持った人も障害のない人と同じような活動が可能になること（多様性）、地球環境問題などの解決につながるアイディアも生まれること（持続性）、などが実現するというイメージを思い描くとわかりやすい。

その前提に立って、「ＡＩ社会原則」は、「人間中心の原則」「教育・リテラシーの原則」「プライバシー確保の原則」「セキュリティ確保の原則」「公正競争確保の原則」「公平性、説明責任及び透明性の原則」「イノベーションの原則」という七か条の「社会原則」を掲げる。この中には、「教育・リテラシーの原則」や「公正競争確保の原則」のように、主として政府の政策によって対応する必要があるものもあれば、「イノベーションの原則」のように、技術開発や経済活動の目標を記述したものもある。これらを除いた「人間中心」「プライバシー確保」「セキュリティ確保」「公平性、説明責任及び透明性」の四原則は、ＡＩの開発やビジネスへの利用を行う際のルールを示した原則といえよう。

ＡＩ開発原則とＡＩ利活用原則

ＡＩ社会原則を提案する報告書は、その下に、ＡＩの開発やビジネス利用の現場に向けた原則が作られることを想定している。総務省の情報通信政策研究所が事務局となり、ＡＩネットワーク社会推進会議が検討してきた「ＡＩ開発原則」や、「ＡＩ利活用原則」は、その中で、業種や端末の種類を特定せず、一般的に適用される通則的なルールとして位置づけられることになる。

改めて、ＡＩを組み込んだシステムが実用化されるまでのステップを考えてみよう。まず、

図4-1　日本のAIスピーカー　Clova WAVE（提供：LINE株式会社）

中核になるＡＩを開発しなければならない。広く実用化が期待されている機械学習の場合、開発者が用意したデータを学習させ、特定のデータに対して特定の「正解」を導けるように訓練する。たとえば、話しかける人間の音声を認識してそれに回答や対応をするＡＩスピーカーの場合、性別や年齢、口調、イントネーションなどの異なるさまざまな音声を聞かせ、それを正しく認識させなければならない。ここで聞かせるデータを「教師データ」と呼ぶこともある。その上で、音声が「おはよう」と認識されたら挨拶を返すとか、「テレビをつけて」と認識されたらテレビのリモコンスイッチをオンにする信号を発する、といった「正しい」出力をそれに関連づける（音声や信号を発する装置のように出力を行う装置を「アクチュエータ」と呼ぶ）。この認識と出力の精度が一定のレベルに達したと判断すれば、システムにＡＩが組み込まれ、出荷される。

　ここまでがＡＩの開発段階である。開発の過程で一定のルールが守られていなければ、結果として生み出されるＡＩが健全なものとならず、そのＡＩを組み込んだシステムも社会に受け入れられないであろうという考え方にもとづいて、「ＡＩ開発原則」が作られた。この「ＡＩ

表 4-1 AI 開発原則

①	連携の原則	開発者は，AI システムの相互接続性と相互運用性に留意する．
②	透明性の原則	開発者は，AI システムの入出力の検証可能性及び判断結果の説明可能性に留意する．
③	制御可能性の原則	開発者は，AI システムの制御可能性に留意する．
④	安全の原則	開発者は，AI システムがアクチュエータ等を通じて利用者及び第三者の生命・身体・財産に危害を及ぼすことがないよう配慮する．
⑤	セキュリティの原則	開発者は，AI システムのセキュリティに留意する．
⑥	プライバシーの原則	開発者は，AI システムにより利用者及び第三者のプライバシーが侵害されないよう配慮する．
⑦	倫理の原則	開発者は，AI システムの開発において，人間の尊厳と個人の自律を尊重する．
⑧	利用者支援の原則	開発者は，AI システムが利用者を支援し，利用者に選択の機会を適切に提供することが可能となるよう配慮する．
⑨	アカウンタビリティの原則	開発者は，利用者を含むステークホルダに対しアカウンタビリティを果たすよう努める．

開発原則」は、「国際的な議論のためのＡＩ開発ガイドライン案」の中心的な内容としてＡＩネットワーク社会推進会議が二〇一七年に公表したものであり、全部で九原則からなる。詳細な解説や論点を省略して、各原則の基本ルールだけを並べると、**表4-1**のとおりである。このうち、①は、主にＡＩネットワーク化の健全な進展及びＡＩシステムの便益の増進に関する原則、②から⑦までは、主にＡＩシステムのリスクの抑制に関する原則、そして⑧と⑨は、主に

利用者等の受容性の向上に関する原則とされている。もちろん、ＡＩシステムから得られる便益を高め、リスクを抑制することは、ＡＩが社会に受け入れられるために必要な条件であると言えるが、それに加えて、利用者の支援⑧やアカウンタビリティ（説明責任）の実行⑨は、より直接的に、ＡＩが社会に受け入れられることに対して向けられた要請であると考えられる。

開発原則を守って適切に作られたＡＩであっても、利用方法を誤って人に危害を与えたり、プライバシー情報が流出したりしたのでは、「人間中心」の社会は実現できない。特に、ＡＩシステムの場合、現実に利用されるプロセス自体が新たな「学習」の対象になり、それによって進化していくという側面がある。たとえば、出荷した時点ではセキュリティ上の問題がまったくなかったＡＩシステムに、微妙に細工された不正確なデータをインプットして、間違った動作をするように「学習」させることも可能だと言われている。そこで、ＡＩシステムの利活用段階にも、「ＡＩ開発原則」に対応して「ＡＩ利活用原則」を作る必要があると考えられた。

開発段階とは違い、ＡＩ利活用原則を考える際には、「利用者」の立場を厳密に議論する必要がある。ＡＩスピーカーのように、家庭に置いて日常生活の中で使う製品の場合、利用者（ユーザー）は、ＡＩの効能を、自分のためだけに、あるいは家庭内で消費してしまう立場にある。このような利用者は、「消費者的利用者」とも言うべき存在で、自分や身近な人を守るために、最小限の注意を払ってＡＩシステムを利用することが求められるだけだと考えてよい。

しかし、ＡＩシステムを直接に利用するユーザーの中で、「消費者的利用者」は、むしろ例外的な存在である。金融機関が与信や投資の判断にＡＩを利用するケースや、医療機関が診断にＡＩを利用するケース、学校で生徒の到達度をＡＩにより判断しながら最適な教材を提供するケースなど、想定される多くの利用場面では、事業者あるいは専門家が、ＡＩシステムを活用しながら消費者向けのサービスを提供することになるであろう。このような場合、ＡＩシステムを利用する主体は、「ビジネス利用者」である。そして、第2章でも説明したように、ＡＩシステムの「ビジネス利用者」は、自分が提供するサービスの利用者（金融機関にとっての借り手や投資家、医療機関の患者、学校の生徒など）との関係で、ＡＩシステムを適切に利用する責任を負っている。また、オンラインで医療診断や学力診断を提供する事業者のように、ビジネス利用者や消費者的利用者に向けてＡＩシステムを用いたサービスを提供する「ＡＩサービスプロバイダ」という事業形態も考えられる。「ＡＩサービスプロバイダ」は、ＡＩシステムを自社で開発しているとは限らないが、いわばＡＩのプロとしてＡＩシステムの利用を専門的に提供するのであるから、開発段階と同じような内容のルールを守ることが求められるであろう。

これらの関係者のために、一〇原則からなる「ＡＩ利活用原則」が作られ、二〇一九年八月に公表された。その内容を、ここでも解説や論点を省略して基本ルールに限定して紹介すると、**表4-2**のようになる。もっとも、開発の場面に比べると、利活用の場面にはさまざまなものが考えられるから、一〇原則が、いつでも文字どおりに適用されると考えるべきではない。AIサービスプロバイダやビジネス利用者は、それぞれのサービスの特性をふまえて「AI利活用原則」をアレンジし、各社で「AI利活用にあたっての考え方」を作成することが期待されているのである。その意味を込めて、「AI利活用原則」を公表した文書には「AI利活用のためのプラクティカルリファレンス」という副題がつけられた。

AIの普及が人間を排除し、疎外してしまうものにならないようにすること、そしてそのために、AIの開発者やAIを利用する事業者が一定のルールを守ることは、日本が生み出すAIの強みとなり、日本の国際競争力を高める源泉となるはずである。しかし、他の国で、そうした理念とはまったくかけ離れたAIの開発や実装が進み、経済性だけから見るとその方が効率的であるような場合、ルールを自発的に定めて守ろうとする日本が、かえって不利になってしまう危険がないわけではない。そこで、日本政府は、OECD（経済協力開発機構）を通じて、これらの社会原則や開発原則・利活用原則の内容が国際的なルールとなるように働きかけた。その結果、二〇一九年五月のOECD閣僚理事会で、「人間中心の価値」を強調するなど、日

表 4-2　AI 利活用原則

①	適正利用の原則	利用者は，人間と AI システムとの間及び利用者間における適切な役割分担のもと，適正な範囲及び方法で AI システム又は AI サービスを利用するよう努める．
②	適正学習の原則	利用者及びデータ提供者は，AI システムの学習等に用いるデータの質に留意する．
③	連携の原則	AI サービスプロバイダ，ビジネス利用者及びデータ提供者は，AI システム又は AI サービス相互間の連携に留意する．また，利用者は，AI システムがネットワーク化することによってリスクが惹起・増幅される可能性があることに留意する．
④	安全の原則	利用者は，AI システム又は AI サービスの利活用により，アクチュエータ等を通じて，利用者等及び第三者の生命・身体・財産に危害を及ぼすことがないよう配慮する．
⑤	セキュリティの原則	利用者及びデータ提供者は，AI システム又は AI サービスのセキュリティに留意する．
⑥	プライバシーの原則	利用者及びデータ提供者は，AI システム又は AI サービスの利活用において，他者又は自己のプライバシーが侵害されないよう配慮する．
⑦	尊厳・自律の原則	利用者は，AI システム又は AI サービスの利活用において，人間の尊厳と個人の自律を尊重する．
⑧	公平性の原則	AI サービスプロバイダ，ビジネス利用者及びデータ提供者は，AI システム又は AI サービスの判断にバイアスが含まれる可能性があることに留意し，また，AI システム又は AI サービスの判断によって個人及び集団が不当に差別されないよう配慮する．
⑨	透明性の原則	AI サービスプロバイダ及びビジネス利用者は，AI システム又は AI サービスの入出力等の検証可能性及び判断結果の説明可能性に留意する．
⑩	アカウンタビリティの原則	利用者は，ステークホルダに対しアカウンタビリティを果たすよう努める．

本の考え方も十分に反映された「ＡＩに関する理事会勧告」が採択されるに至った。

ＥＵの「信頼されるＡＩのための倫理ガイドライン」

日本の取り組みとほぼ並行して、ＥＵでも、「信頼されるＡＩのための倫理ガイドライン」が作られた。正確に言えば、これは、ＥＵの行政機関に相当する欧州委員会が、ハイレベル専門家会合(High-Level Expert Group)を設置し、そのハイレベル専門家会合が取りまとめた文書である。行政当局が、関係する開発者や事業者と有識者を集め、その意見を聞きながらルールを作るという手続は、日本でＡＩ社会原則やＡＩ開発・利活用原則が作られた手続によく似ている。

手続だけではなく、内容を比較しても、ＥＵの倫理ガイドラインは日本のＡＩに関する原則と共通点が多い。ＥＵの倫理ガイドラインのキーワードは、「信頼される(trustworthy)ＡＩ」である。ＡＩの技術が急速に発展する中で、社会や共同体を維持していくためには、そこに「信頼」がなければならない。そして、ＡＩへの信頼は、それが人間中心で、かつ基本的な人権を尊重するものであることが必要とされる、と倫理ガイドラインは述べている。日本で「人間中心の」ＡＩ社会原則が作られ、その中で、人間の尊厳と個人の自律性が尊重されなければならないと書かれたことと、ＥＵの倫理ガイドラインの考え方は、きれいに一致している。二〇世紀であれば、ヨーロッパで先行してルールが作られ、日本がそれを取り入れるというケースが多かったのであるが、今回は、両者の動きはまったく並行しており、どちらかといえば、ＡＩ開発原則を検討する日本の活動の方が早かった。従って、日本とＥＵのルールが一致した理由は、一方が他方をコピーしたわけではなく、技術と社会の関係に対する考え方が、基本的に共通しているためであると言えよう。

とはいえ、ＥＵの倫理ガイドラインには、日本のＡＩ原則とは違う点もある。とくに、「権利保護アプローチ」を採用して、基本的人権を重視し、ＥＵの基本権憲章から倫理ガイドラインの具体的な内容を導き出すという点が特徴的である。日本のＡＩ原則は、自覚的に特定のアプローチを採用しているわけではないが、とりわけＡＩ社会原則を見ると、望ましい社会のあり方をイメージし、各原則がその望ましい社会を実現するために必要なものとされているので、「政策アプローチ」と呼ぶことができよう。

ＥＵの倫理ガイドラインは、「権利保護アプローチ」から導き出される具体的な原則として、「人間の尊厳の尊重」「個人の自由」「民主主義、正義及び法の支配の尊重」「平等、差別の排除及び連帯（少数者の権利を含む）」「市民の権利」を掲げている。「市民の権利」という表現はわかりにくいが、説明を読むと、健全な政府の下で生活する権利、公文書に対するアクセス権（日本でいう情報公開請求権）、政府に対する請願権などを含むとされている。第三の原則で「民主主義」が明記されている点と合わせると、EUでは、社会にAIを導入した結果として民主的で健全な政治を破壊されてはならないという問題意識が強いことが窺われる。

近年の選挙や投票では、AIの利用が進み、虚偽の情報（フェイクニュース）による介入や攪乱も問題になっている。アメリカの大統領選挙では、マーケティングで行われているビッグデータ分析の手法を選挙運動に応用し、有権者が最近購入した商品やSNSへの投稿などからその人の関心の対象（子育て、景気対策など）を予測して、それに適したメッセージをメールなどで個別的に発信するという手法が用いられている。そうした中で、二〇一六年の大統領選挙では、フェイスブック上で提供されていた「これがあなたのデジタルライフ」というアプリから取得されたアプリ利用者の個人情報が、イギリスのケンブリッジアナリティカ社というコンサルティング会社に横流しされ、トランプ陣営の選挙戦術に利用されるという事件も発生した。こうしたビッグデータによる選挙戦術とフェイクニュースが併用されると、ある政治的な立場の有権者に対して効果がありそうなフェイクニュースを流し、投票を左右するといったことも想定されるので、EUでは、きわめて大きな問題意識が抱かれ、プラットフォームの行動規範を定めるなどの対策も取られ始めている。日本でも、選挙をはじめとする民主主義とＡＩの関係について、もう少し問題意識を持った方がよいであろう。

アシロマ原則

アメリカでは、経済活動に対する政府の介入に警戒心が強い。そのため、ＡＩに関しても、国家戦略は作られているが、開発や利用に関するルールについて、政府が関与して作成する動きはない。しかし、「未来生活財団（Future of Life Institute: FLI）」という民間の財団を拠点として学界や産業界の開発者と利用者が集まり、自主的なルールが作られた。これは、二〇一七年一月にカリフォルニア州のアシロマで開催された国際会議の成果として採択されたものであり、それにちなんで、「アシロマ原則」と呼ばれている。

アシロマ原則は、「研究課題」（研究対象の選定や研究の進め方に関するルール）、「倫理と価値」（安全性、責任、プライバシーのルール）、「長期的な課題」（将来の見通しやリスクに関する態度についてのルール）の三部に分けて、二三項目のルールから構成されている。なお、これは、アメリカという国を単位とした活動ではないので、ヨーロッパや日本を含め、世界から多数のＡＩやロボットの開発者などが賛同を表明している。

法律よりも「原則」

このように、ＡＩの開発や実利用に関するルールを作っていく試みは、世界でいくつか進行しているが、興味深いことに、どれも「原則」という形式をとり、法律の制定や、立法に向けた提案を行う例はない。むしろ、日本では「社会」原則、ＥＵでは「倫理」ガイドラインと銘打たれ、法的なルールではないことが強調されているように見える。

その理由について、ＡＩはまだ開発途上であり、これからも急激な変化が予想されるからだという説明がなされることも多い。たしかに、技術が発展していく中で、中途半端な段階を前提として法制度を作ると、後日、制度と実態が合わなくなったり、技術の発展に対して制度がバイアスを与えてしまったりする可能性は否定できない。その場合は、やがて技術の方向性が固まってくれば、厳格な法制度へと移行するはずであろう。いわば、法制度の前段階としての「原則」である。

しかし、技術が発展した将来に、現在の「原則」から法制度が作られていくという見通しは、あまり現実的ではないように思われる。技術的な仕組みが決まってしまえば、むしろ、法律にどのようなルールが定められていても、「技術的にそのようなことはできない」とされる状況が生まれそうだからである。これは、第1章で、「契約から技術へ」と呼んだ変化と関係する。法律は、人の行動を対象としたルールであるため、技術的な仕組みそれ自体に対しては有効なルールとならない。ＡＩが普及した社会では、かえって、技術的な仕組みによって、人間にできることとできないことが決まっていくのである。

「コードが法に代わる」

この問題は、ＡＩが現在のように注目を集めるよりもずっと早く、アメリカの憲法学者ローレンス・レッシグ教授によって指摘された。レッシグ教授は、一九九九年に『コード』という書籍を出版し、その中で、技術的な規格（コード）が、法律上で保障されているはずの権利とは無関係に、ルールを作ってしまっていると指摘した。「コードが法に代わる（Code is law.）」というフレーズは、その問題を端的に指摘する表現であった。当時は、インターネットが一般に普及し始めた時期であり、レッシグ教授の関心は、とりわけ、インターネット上の著作権に向けられていく。著作物の利用は表現活動の中で問題になるので、特にアメリカでは、著作権制度が憲法上の表現の自由と関係づけて理解されている。しかし、たとえ憲法上の権利があろうとも、技術的にできないことは、インターネット上では実現されないのである。

レッシグ教授の提起した問題は、日本でも、ＤＶＤレコーダーの技術規格をめぐって顕在化した。二〇〇〇年代まで、ＤＶＤレコーダーには、テレビ番組などのコンテンツの著作権を保護する目的で、「コピーワンス」と呼ばれる技術規格が採用されていた。この規格の下では、放送コンテンツの複製は一回しか許されない。テレビ番組を当時のＤＶＤレコーダーで録画すると、ＤＶＤレコーダーのハードディスクに録画された時点で一回の複製とカウントされ、それを別のＤＶＤに複製すること（ダビング）ができなかったのである。データをＤＶＤに移すこと（ムーブ）はできたが、ムーブを実行すると、ハードディスク上のデータは消去されてしまう。その点をわかりやすく説明するたとえとして、「録画したテレビ番組を見たら面白かったので、単身赴任中の家族にも見てほしいと思い、ＤＶＤにコピーして送ると、元の家庭ではその番組を見返すことができなくなってしまう」と言われた。

実際に、録画したテレビ番組をさらにＤＶＤにコピーするニーズがどの程度あったかはともかく、そもそもテレビ番組のコピーＤＶＤを大量に作って儲けようとするわけではなく、家庭内で楽しむ行為についても、あらかじめ決められた規格のために、消費者は不自由を強いられていた。これは、まさに「コードが法に代わる」という現象であったと言えよう。たまたま、二〇〇〇年代の終わりに、地上波テレビ放送のデジタル化が行われることが決まり、デジタルで製作された放送コンテンツの録画に関して、新しい技術規格を決める必要が生じた。デジタルのコンテンツは、コピーしても画質や音質が劣化しないから、放送がデジタル化されるとコピーによる著作権侵害は一層起こりやすくなるが、そのことだけを念頭に置いて複製をまったく許さない技術規格を定めると、技術規格が家庭内の複製行為にまで過剰に介入するという問題が残ってしまう。問題を重く見た政府は、審議会などでこの問題をとり上げ、現在の「ダビング10」という規格が採用されたのである。「ダビング10」は、ハードディスクからDVDなどへの複製を九回まで認める(一〇回目は「ムーブ」になり、実行するとハードディスク上のデータが消去される)という規格である。著作権の重要性に加えて、テレビ放送という公共的な制度とも関係していたことから、政府が、いわば仲裁者として技術規格の設定に介入したのであった。

AI原則と「コード」

日本のAI開発原則を詳しく見ると、たとえば、「セキュリティの原則」については、解説の中で、「AIシステムの開発の過程を通じて、採用する技術の特性に照らし可能な範囲でセキュリティ対策を講ずるよう努めること(セキュリティ・バイ・デザイン)」と書かれている。同じような記述は、「プライバシーの原則」に対する解説にもあり、「AIシステムの利活用時におけるプライバシー侵害を回避するため、当該システムの開発の過程を通じて、採用する技術の特性に照らし可能な範囲で措置を講ずるよう努めること（プライバシー・バイ・デザイン）」とされている。どちらのルールも、AIシステムの開発の中で、セキュリティやプライバシーの侵害につながらないような技術上の設計を盛り込むように要請しているのである。こうした技術上の設計は、一般的に、「アーキテクチャ」と呼ばれている。基本的には、レッシグ教授の言う「コード」と同じものであるが、「コード」というとコンピュータ・プログラムに限定して理解されがちなため、建物の構造をイメージして「アーキテクチャ」という表現を用いるのである。

「コード（アーキテクチャ）が法に代わる」という現象は、AIが普及する時代に、ますます広がっていく。そのような時代には、ダビング10の場合と同じように、将来のコード（アーキテクチャ）がどのようなものであるべきかを示すところに政府の役割があるのではないか。そのように考えると、AIに関するルールは、法的なルールとは別に、コード（アーキテクチャ）に関して、AIの開発者や利用者に指針を示すものがふさわしい。世界各国で作られているAIの「原則」は、その意味で、法とは別の種類のルールであり、将来にわたって法と併存するもののように思われる。

2　縮小する「法の領域」

「コードが法に代わる」という現象は、どこまで進行してきたのか。最近まで仮想通貨と呼ばれていた暗号資産のシステムについて法的に検討すると、この問いを、改めて考えさせられる。

仮想通貨のハードフォーク

暗号資産といっても、数百種類のものがあると言われており、その仕組みには、当然、多種多様なものがあると思われる。その中でも、一般によく知られているビットコインは、ブロックチェーン技術を利用している。ブロックチェーンとは、デジタルの記録を改竄が困難な形で保存する方法である。以下では、ビットコインを例にとって、簡単に仕組みを説明しよう。

ブロックチェーンのネットワークは、ビットコインのソフトウエアがインストールされたすべてのコンピュータによって構成される。それらのコンピュータは、ブロックチェーンの「ノード(節)」と呼ばれる。ノードとなるコンピュータは、自分が送金取引の当事者となることもあれば、自分が関与しない取引について記録の検証を行う機関でもあり、さらに、検証されて正当と認められた記録を保存するデータベースでもある。もっとも、すべてのノードがすべての役割を兼ねる必要はなく、取引を行うためだけのノードとなることも許されるようである。また、一般の投資家が暗号資産の売買などの取引を行うだけであれば、ノードとして参加する必要はなく、暗号資産取引業者を通じて取引を実行すればよい。

ブロックチェーン上では、取引の記録は、一定の時間ごとに「ブロック」と呼ばれるデータのかたまりにまとめられ、それがチェーン状に連結された状態で保管されている。ここで、ノードAがノードBに対してビットコインを送金する場合、ノードAは、自分が過去にビットコインを受け取った取引記録を示しながら、そのうちの一定量をノードBに送金するという取引記録を作成する。ここで、Aがニセモノではないという証明のために、電子署名という仕組みを利用する。この「AからBへの送金」という取引記録は、ネットワーク上のすべてのノードに対して送信(「放送」)される。それを受信したノード(のうち、検証機関としての機能を持つもの)は、取引記録の検証を実行する。検証しなければならない内容は、Aが過去に受け取ったという取引記録が改竄されたものではないかということであるが、実際の検証作業は、デジタルの暗号を解読する計算である(金を掘り出す作業にたとえて、「マイニング(採掘)」と呼ばれる)。検証が完了すると、検証に成功したノードPの電子署名が取引記録に加えられて、一つの新しい

「ブロック」になる。もしも、Aが送信(「放送」)した取引記録に改竄が含まれていれば、検証が実現しないため、その取引記録を含む「ブロック」は永遠に作成されない。こうして、不正取引が排除されるのである。

新たに生成された「ブロック」は、それまで存在していた「ブロック」のチェーンに最新の取引記録として追加される。検証に成功したと主張するノードPは、最新のブロックを追加して少し延長したチェーンをネットワーク上の他のノードに送信する。他のノードは、この延長されたチェーンがこれまでの記録と矛盾していないと認めれば、保管していた記録を書き換えて、延長されたチェーンのコピーを各ノードで保管する。これによって取引記録が確定し、送金取引の当事者であるAとBは、送金の完了を信じてよい状態になる。そして、検証(マイニング)に成功し、最新のブロックを追加したPには報酬が与えられる。

法的にみると、暗号資産の計算処理に参加する当事者の間に、どのような関係が成立しているのかという点が大きな論点となる。この点をめぐっては、議論が大きく対立してきた。取引参加者の間に、明示的な契約がないからである。ブロックチェーンは、ノードがネットワークを介して接続されることにより構成されるが、その際、なんらかの契約や規約(たとえば、「××暗号資産システム運営規約」といった文書)が交わされているわけではない。暗号資産(たとえば

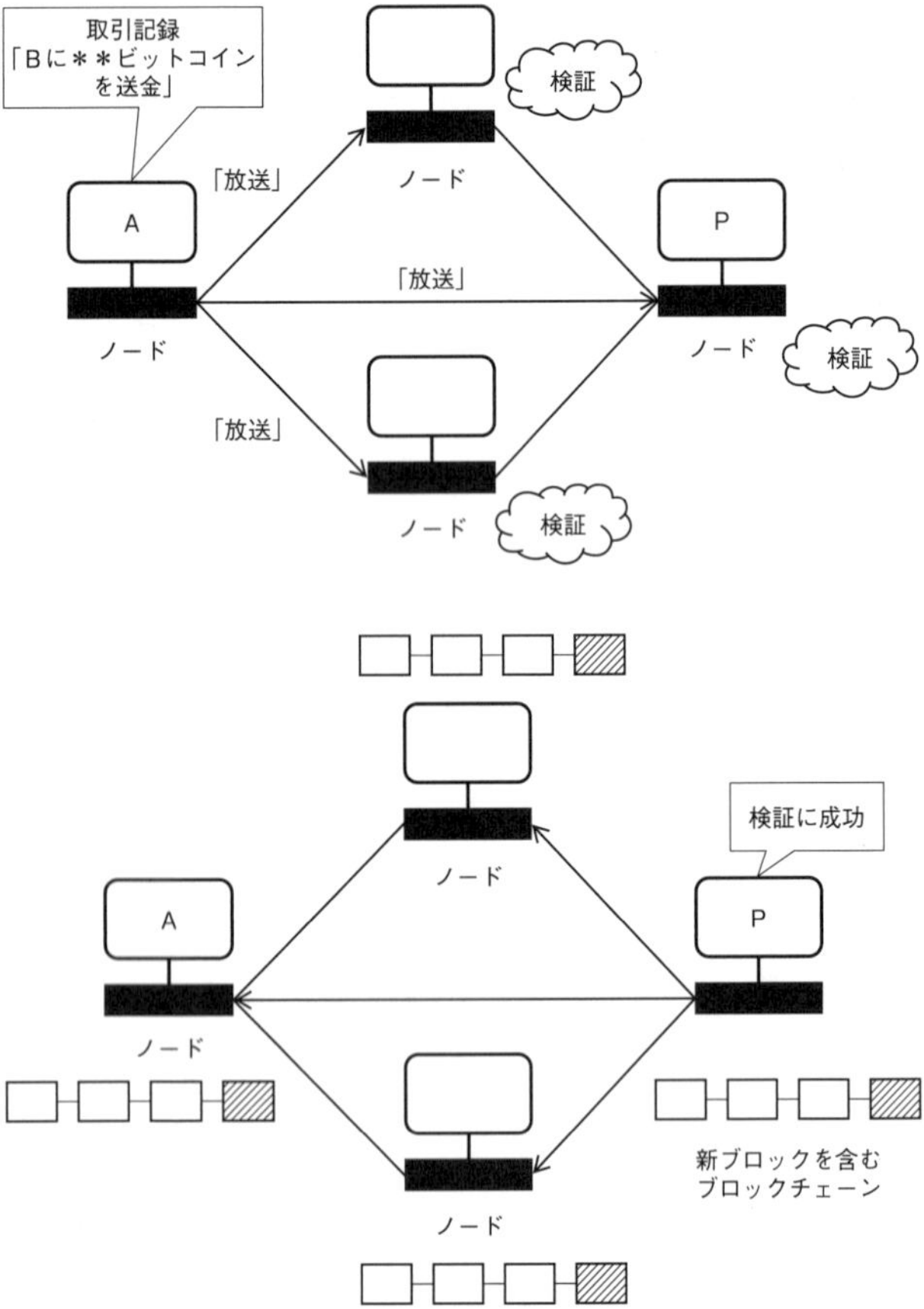

図 4-2　ブロックチェーンによる仮想通貨の送金

ビットコイン）の取引を検証する作業を実行するためには、その暗号資産に固有のソフトウェアを使用する必要があり、逆に、同じソフトウェアを使用してさえいれば、ネットワークに接続されたコンピュータ同士は相互に認識して、通信することができるのである。コンピュータ間の通信には、法的な契約は必要がない。ノードとなるコンピュータの数がどれだけ増えても、同一のソフトウェアを使用している限り、同一のシステム上で計算を行っていることになるという実態だけが存在している（かえって、ノードにならない投資家の場合は、暗号資産取引業者との間に契約書が交わされる）。

ブロックチェーンを構成するノードとノードの間に、明文の契約が存在しない結果、システムの運用に関するルールも文書としては書かれていない。たとえば、二〇一七年八月に、ビットコインのハードフォークが行われ、「ビットコイン」と「ビットコインキャッシュ」に分裂したと報道された。当時の報道では、ハードフォークになるかどうかは、ノードの間の多数決によって決まるなどと言われていたが、実は、そのような多数決のルールがどこかに書かれていたわけではない。正確に記述すると、暗号資産に関する計算処理に用いられるソフトウェアが更新される際に、一部のノードが更新されたソフトウェアをダウンロードしたにもかかわらず、他のノードは古いバージョンのソフトウェアを使い続けると、更新されたソフトウェアを使って作り出されるブロックと、古いバージョンのソフトウェアを使って作られ続けるブロックとが、同一のシステム上の存在とは言えない別個の存在として「分裂」する。これが、「ハードフォーク」である。

ハードフォークが起こると、どのような状態になるかを考えてみよう。過半数のノードがソフトウェアを更新すれば、それらのノードの間で、新しいバージョンのシステムが稼働する。更新をしなかったノードは、もはや同じソフトウェアを使っているとはみなされず、更新をしたノードとの通信も行われなくなる。その意味で、ノードの多数が更新を選ぶかどうかにより、システム全体が新しいバージョンに移行できるかどうかが決まるとは言える。比喩としては、それを「多数決」と呼んでもよいかもしれないが、それはすべて、ノードとなっているコンピュータの機械的な動作という事実上の現象にすぎない。法や契約が役割を果たす余地は、まったく存在しないのである。

明文の契約や規約はないとしても、システムに参加するノードの主体の間には、同一のソフトウェアにもとづいて計算処理を行うことに対する合意があるとみることは可能である。そのようにみれば、暗号資産の計算処理も、基本的には合意にもとづく共同活動と評価することができる。しかし、それは、ノードとノードの間の暗黙の合意のような関係を、契約関係として解釈できるという程度の緩やかな意味であって、主体間の関係は、実態としては、ソフトウェアという技術的な仕組み（コード）が規律する。契約とは、法のシステムにおいて中心的な役割を果たす制度であるから、これは、まさに、「コードが法に代わる」という現象であると言えよう。

「日本人の法意識」と「法の領域」

「コードが法に代わる」という表現は、レッシグ教授が最初に提起したときには、デジタル技術によって法が潜脱されるというマイナスのニュアンスを持っていた。しかし、社会の隅々までがすべて法によって規律されているというイメージは、一つの虚構にすぎない。このことは、日本社会と日本人の行動をめぐって、過去に何度も議論されてきた。

一九六七年に岩波新書の一冊として出版された『日本人の法意識』は、この問題を語る際には、必ず触れられる書物である。著者の川島武宜博士は、東京大学の民法の教授であった。川島博士は、当時の日本社会のさまざまな事例を調べたうえで、日本には、近代法を受け入れる以前の伝統社会の行動様式が根強く残り、近代法が前提とする「個人」の権利という意識が十分に浸透していないのではないかと問いかけた。『日本人の法意識』は、部分的にではあるが

図4-3　川島武宜『日本人の法意識』(1967年)

英語にも翻訳され、日本社会と法を研究する海外の研究者にも、広く知られるようになった。

そうした海外の研究者は、昭和四九（一九七四）年に日本の商社がオーストラリアから砂糖を輸入しようとしたところ砂糖の価格が変動して紛争に発展したという「オーストラリア砂糖事件」が、川島博士の指摘する日本人の法意識を典型的に反映した事件として指摘した。問題となった取引は、当時、日本市場を開拓しようとしていたオーストラリアのクイーンズランド州で、州政府が全面的に支援して、日本向けに砂糖が輸出されることになったというものである。クイーンズランド州の砂糖公社が輸出する砂糖を、日本の総合商社が製糖業者の窓口となって、五年の長期契約によって買い付けることになり、入念に契約書が作られた。ところが、翌年には砂糖の市場価格が国際的に暴落し、契約書で決められた価格では、輸入側の日本企業に大きな損失が発生することになった。将来にわたって膨大な赤字を出し続けるような取引をするわけにはいかないと言って、日本側は契約の見直しを求めたが、輸出側の砂糖公社はこれを拒絶して、トラブルになった。東京湾には、引き取り手のない砂糖を積んだ貨物船が一〇隻以上も投錨する事態になったそうである。

　この一件は、海外の文献の中では、日本では法や契約の意義が理解されず、日本社会の中で契約が重視されていない証拠としてしばしば挙げられる。しかし、昭和四〇年代末とはいえ、オーストラリアとの間で、詳細な契約書を作成して開始された取引にあたって、日本企業が契約は重要な意味を持たないと考えていたとは考えにくい。その一方で、国際的な価格の急落を見て、関係者がパニックに陥ったことは、容易に想像できる。契約の見直しを求めた日本側の意図を正確に表現すれば、契約書に書かれている内容の認識はあり、それが拘束力を持つことは十分に認識しているが、そうであればこそ、契約(法)の世界の外側で、輸入者側の苦しい事情にも配慮してほしいという要望だったのではないか。実際に、紛争の過程で日本の総合商社の社長は、「本来は契約を履行しなければならないかもしれないが、「日本側は」このまま引取りを続けたら倒産してしまう」と述べていた。

　そうだとすれば、この事件は、契約(法)は文言どおりに守るべきものか、状況に応じて柔軟な対応を予定したものか、という「法意識」に関する日本人と西洋人(オーストラリア人)の違いから生じた問題ではないであろう。むしろ、契約だけで取引関係のすべてを割り切ってしまってよいのか、契約は契約として、それとは別に取引相手に対する配慮などはないのか、という点に対する感覚のズレが紛争をこじらせたのではないかと想像される。これは、言いかえると、社会の中で契約(法)という仕組みが意味を持つ範囲が、両国の当事者の間で一致していなかったということである。これを、社会の中で、行動のルールが法にゆだねられる領域の問題、やや短くして「法の領域」の問題と呼ぶことにしよう。

「法意識」という表現は、文化論につながりやすい。特に、現在のように日本を訪れる外国人が多くなかった昭和の時代には、欧米の研究者にとって、日本がミステリアスな未知の社会に見えることも少なくなかった。そのためもあって、日本人と法の関係は、日本の文化と結びつけて語られがちであった。

文化は地域や民族と深く関係するが、法意識と見えたものが、実は「法の領域」の違いであるとすれば、それは社会の仕組みの問題になる。社会の仕組みは、国や地域だけではなく、経済的、あるいは技術的な前提により異なっていてもおかしくない。デジタル技術が広く浸透した社会では、それ以前のアナログな技術を前提とする社会と比べて、「法の領域」が違ってくるということは、十分に考えられる。デジタル技術の下で「コードが法に代わる」という現象は、そのような意味で、技術的な前提の変化により、「法の領域」が縮小していくということを意味しているのである。

「われわれにはわれわれの裁判所がある」

デジタル技術が生活に浸透し、「法の領域」が縮小していくと、関係者の利害が、権利や義務という形で観念できない状況も出現する。その結果、トラブルが発生した場合も、法ではなく、技術的な対応(「コード」の調整)によって解決が図られることになる。

それが現実化した事例として、二〇一六年にThe DAOがハッキングされた際の処理が、しばしば挙げられる。The DAOは、ドイツのベンチャー企業が、ブロックチェーンを利用して立ち上げた事業ファンドであった。ただし、先に説明したビットコインのブロックチェーンとは仕組みが異なる「イーサリアム」というプラットフォームがベースである。二〇一六年六月に、The DAOがハッキング攻撃を受けて、事業ファンドの投資の対象であった「DAOトークン」が流出してしまった(「トークン」とは、もともとは「しるし」という意味であるが、そこから乗り物などの専用コインの意味になり、ここでは、デジタル投資の対象物を指している)。この流出事故によって、事業ファンドに出資していた出資者の利益が損なわれたことから、The DAOの信用が傷つき、ひいてはイーサリアムに対する信頼も失われることが懸念される事態へと発展した。

そこで、イーサリアムがイニシアティヴをとって、トラブルの収拾が図られたが、最終的に選択された解決策は、さかのぼってハードフォークを実施するというものであった。ビットコインについて説明したように、ハードフォークとは、ソフトウェア上の処理をそれまでの処理と切り離すということである。The DAO の場合、ハッキングの発生以前の状態がブロックチェーン上に記録として残っているので、それを基準として、ハッキングされたDAOトークンとは別の新しいトークンを当時の参加者の残高に応じた比率で分配した。これにより、元のDAOトークンと新しいトークンが「分裂」するというハードフォークが実現した。その上で、元のDAOトークンを無効にして、システム上で使用できない状態にしてしまった。すると、犯人がハッキングによって手に入れたはずの(元の)DAOトークンは何の価値もないものになり、その他の参加者は、何ごともなかったかのように、新しいトークンを使って取引を続けられるようになった。

The DAO の関係者は、この解決に大変満足したらしい。そして、「われわれのコミュニティにはわれわれの裁判所がある(We have our Supreme Court, we have our community!)」と叫んだと言われる。確かに、巧妙に考えられた解決策ではあるが、法的なアプローチからみると、流出したDAOトークンを入手した者の利益はどうなるのか(流出させた者はハッカーであるとしても、その入手者がハッキングの共謀者や関与者であるとは限らない)、またハッキングを許したシステム運営者の責任は問われないのかなど、いくつもの疑問が生ずる。そのため、時間をさかのぼらせた処理による解決は、禁じ手のようなものだと批判する意見も強い。ここでも、技術的な仕組み(コード)が、法的な権利や義務を無視して、関係者の利害を決定してしまったわけである。

しかし、法とコードの関係に対する評価は、少なくともThe DAOの関係者の間では、逆転しているようである。二〇〇〇年ごろに「コードが法に代わる」と述べたレッシグ教授は、コードによって法のルールが塗り替えられ、法が擁護している権利や価値が損なわれることに、強い危機感を持っていた。ところが、「われわれのコミュニティにはわれわれの裁判所がある」と言われるときには、むしろ、法のルールはデジタル世界の自由な経済活動にとって迷惑な存在であるかのようである。暗号資産の技術を生み出したアメリカ西海岸のハイテクコミュニティは、権力に対して反発する傾向が強いとも言われる。暗号資産を、当初、「仮想通貨」と呼んだ点にも、各国の中央銀行が発行する通貨に対抗する存在を、私的に作り出そうとする野心が込められていた(この点については、第5章でもう一度とり上げる)。法が迷惑な存在とみなされる背景には、そうしたカルチャーの影響もあるのかもしれない。

消費者保護・バイ・デザイン

しかし、技術が法に優越する現象に対する肯定的な評価は、反権力志向が強いアメリカ西海岸のコミュニティだけが持っているわけではない。第1節でも触れたとおり、AIに関する原則の中では、セキュリティやプライバシーを技術的な仕組みとして取り入れ、アーキテクチャを通じてそれらの実現を図るという「セキュリティ・バイ・デザイン」「プライバシー・バイ・デザイン」の考え方が示されている。

アーキテクチャのデザインを通じて関係者の利益を守るという発想は、消費者法の分野にも広がっている。日本では、電子商取引の中で消費者の利益を守るため、経済産業省が平成一四(二〇〇二)年以来、『電子商取引に関する準則』を作り、改訂を重ねてきたが、平成三〇(二〇一八)年には、AIスピーカーなどに対応した改訂が行われ、題名も『電子商取引及び情報財取引等に関する準則』となった。その中では、AIスピーカーを用いた取引について、音声認識された注文内容を確認した上ではじめて発注を確定させるという仕様になっていなければ、有効な注文として成立しないという解釈が示されている。

『電子商取引及び情報財取引等に関する準則』がこのような解釈をとる理由を、少し長くなるが、説明しておこう。消費者が「ダイヤ」を注文しているにもかかわらず、その音声を、A

かく押す」といった意味の言葉である。この言葉が、制度設計の場面では、人に対して何かを強制するのではなく、人の行動に「方向づけ」を与えるという意味で使われるようになった。「ナッジ」という概念が広く普及したきっかけは、アメリカの法哲学者サンスティーン教授の議論である。サンスティーン教授は、人が、さまざまな選択をする場合に、選択肢が提示される方法によって大きな影響を受けることを指摘した。『選択しないという選択』という著書の中で紹介されている実験では、法律上は二週間の休日(労働者からの放棄も認められないもの)が与えられているという前提で、①給与を減額する代わりに追加で二週間の休暇をとることができるとしたらいくらの減額に応じるかという質問と、②これに加えて、労働者が放棄できる休日がさらに二週間定められているときに、それを放棄すれば給与を増額すると言われたらいくらの増額を要求するかという質問を行った。結果は、②で「権利」となっている追加の休暇を放棄するために要求する金額が、①で追加的に休暇を「購入」するために支払う金額の二倍以上になったという。

このような事実を正面から認めた上で、むしろ、できる限り合理的な選択が行われるような選択肢の呈示方法を考えるべきではないかという問題を、サンスティーン教授は提起したのである。サンスティーン教授の議論は、休暇の実験事例からも明らかなように、ＡＩやデジタル技術に限定されているわけではない。しかし、このような制度設計の考え方と、「コードが法に代わる」というデジタル時代の現象とが結びつくと、法の外側にある「コード」の部分に合理的な方向づけを盛り込むことで、法による規制を補えるのではないかという発想が生まれる。セキュリティやプライバシー、消費者保護などをアーキテクチャのデザインによって実現するというアプローチが、AIをはじめとするデジタル技術のルールについて広く取り入れられるようになった背景には、こうした考え方の積み重ねがあったわけである。日本のAI利活用原則の解説には、「ナッジ」という表現が正面から書き込まれている。

ただし、このような「ナッジ」を多用するアプローチが、法のタテマエと矛盾しているという点は、認識しておく必要がある。法の基本的な考え方は、個人を自律的な主体として扱うというものである。それは、個人が、自分自身の利害や置かれた状況を十分に理解して、行動を自由に選択し、その結果に対して責任をとるということを意味する。もちろん、消費者は企業との関係で、自律的な判断を行うために必要な情報を持っていないという現実から、消費者による判断の参考になる情報を提供する義務を企業側に課したり、場合によっては契約の内容を法的に規制したりする消費者法制が導入された。また、市場で独占的な地位を持つ企業との取引では、市場を支配する力に影響され、自由な判断の余地が奪われていると考えられたことから、独占的な地位に由来する取引条件を是正するための競争法（日本では独占禁止法、アメリカでは反トラスト法と呼ばれる法律）が作られている。とはいえ、これらはいずれも、自律的な個人が自己の責任で判断を行うというタテマエが、実際にも貫徹されるようにするための法制度である。いわば、タテマエに近づくために法律が作られているのであって、タテマエが否定されているわけではない。

ところが、サンスティーン教授は、タテマエはタテマエにすぎず、人間は、自律的な判断にもとづく選択などしてはいないという現実を直視すべきであると言うのである。この指摘は、とりわけデジタル技術の問題を考える法律家にとって、非常に重い問いかけである。

3　間違わないＡＩの問題

ＡＩと差別

実社会でのＡＩの利用について、しばしばとり上げられる問題の一つが、ＡＩが人種や性別などにもとづく差別をするということである。もちろん、人間のような感情を持たないＡＩが、人間と同じ意味で、特定のカテゴリーに属する人に対して「差別感情」を抱くわけではない。

ＡＩによる判定の結果に、人種や性別といった特定の属性によって、その属性を持つ人に対して不利益なバイアス（統計的なかたより）がかかるという意味である。

このようなバイアスがなぜ生ずるかといえば、ＡＩが「間違いなく」データを学習するからである（第2章で取り上げたように、ＡＩが誤った判断を下すケースもあるが、その場合は誤りの結果なので、特定の傾向にばかりバイアスを発生することはないはずである）。機械学習の原理にもとづくＡＩの場合、最初に与えられたデータセットを「教師データ」として学習するところから運用が開始される。したがって、「教師データ」それ自体にバイアスがあれば、ＡＩはバイアスのかかった法則性を学習して、バイアスのかかった判定をするようになる。この点は、ＡＩの開発者の間では、「データの質」の問題として知られるようになってきた。「教師データ」となるデータセットを作る開発者は、そのデータセットがＡＩを運用しようとする対象のデータを適切に代表するように、データの「質」をコントロールしなければならない。日本のＡＩ利活用原則でも、その第二原則として「適正学習の原則」が掲げられ、ＡＩシステムの学習等に用いるデータの質に留意することが、ＡＩの利用者及びデータ提供者に要請されている。

それ以上に大きな問題は、学習するデータはいずれにせよ既存のデータなので、現実の社会にバイアスが存在していると、それが学習内容に反映されてしまうという点である。「教師データ」にバイアスがあるとしても、その後、現実のデータを学習していく中で、バイアスは徐々に解消されていく（それにどの程度の時間がかかるかは状況によるので、「教師データ」の質が問題にならないという意味ではない）。しかし、現実のデータ自体がバイアスを含んでいると、逆に、「教師データ」は中立的に作ったはずでも、機械学習を実行しているうちに、現実社会のバイアスを「学習」してしまう可能性がある。

よく挙げられる例として、銀行が融資（ローン）の引き受け審査をＡＩに判定させるシステムの事例がある。そのようなシステムでは、収入が低い借り手や職業が安定しない借り手を、ローンを実行する上でリスクが高いと判定する。現実に人種差別が長く行われてきた社会では、差別されてきた人種（たとえば、アメリカではアフリカ系）に属する人々は、高収入の職業や安定した職業につけないでいる割合が高い。そのような社会では、過去に差別されてきた人種に属していると、その要素だけで、リスクが高く、ローンを拒絶すべき借り手と判定するというバイアスがＡＩに働く可能性がある。日本で同じような問題を生ずる場面としては、新卒学生の就職活動に際して、エントリーシートをＡＩに読ませる場合の学歴があり得るであろう。ＡＩは、過去に採用されてきた学生のエントリーシートを「学習」し、同じような言葉や表現を含むエントリーシートには有利な判定を与える。以前に学歴を基準とした採用活動を行ってきた会社では、過去に採用された学生のエントリーシートには、特定の大学の名称や所在地、ゼミの先生の名前などが含まれている。そのようなエントリーシートを学習させると、ＡＩも学歴による選別を行うようになってしまうのである。

ＡＩと憲法的価値

どこの国でも、人種や性別などによる差別は禁止され、現実に存在している差別もなくしていかなければならないと考えられている。日本国憲法をはじめ、平等権を書いていない憲法は、現代社会には存在しないであろう。そこで、ＡＩの判定に憲法的価値を反映させるためにはどうしたらよいかという問題は、ＡＩの実利用が想定されるようになって以来、何度も、議論されてきた。

アーキテクチャに着目する観点からは、差別が禁止されるような要素（たとえば「人種」や「性別」）を基準とした判定を行わないというプログラムを組むことが、最低限、要請される。日本のＡＩ社会原則も、「公平性、説明責任及び透明性の原則」の中で、「ＡＩの設計思想の下において、人々がその人種、性別、国籍、年齢、政治的信念、宗教等の多様なバックグラウンドを理由に不当な差別をされることなく、全ての人々が公平に扱われなければならない」と述べている。しかし、それだけでは十分ではないという指摘がある。たとえば、歴史的に差別されてきた人種の住民は、特定の地域に多く住んでいることがある。そのような場合、住所が、人種を推知させる代理変数となり、人種にもとづく判定を禁じられたＡＩが住所にもとづいて判定を行い、結果的には、同じバイアスを生み出すことになる。性別や学歴についても、それを推知させる別の要素を発見することは、難しくないであろう。

改めて考えてみると、ＡＩが既存のデータにとらわれず、まったく新しい判断を示すことは、簡単ではない。第1章で述べたように、現在から近い将来に実用化が見込まれるＡＩは、既存のデータを検索し、それにもとづいて判断をする「弱いＡＩ」である。機械学習を原理とするＡＩは、その最も典型的なものといえる。

これに対して、憲法的な価値としての差別の禁止は、個人を、人種や性別などの属性によってではなく、個人として尊重するという価値観である。この価値観の中には、過去に社会の中で差別が存在していた場合にも、そうした過去の事実から生ずる負担や不利益を現実の個人に負わせてはならないという考え方が含まれる。たとえ、過去のデータの中では実際に人種間で犯罪率の大小があったとしても、たまたま特定の人種に属する個人には、そのことは無関係であるべきである。

その意味で、差別の禁止には、将来に向けて、社会をよくしていこうという政策が含まれている。ところが、既存のデータに判断を制約された「弱いＡＩ」は、そのような将来に向かっての判断を行う能力を持たないというところに、問題の根源がある。そこで、現在のところは、ＡＩの判断を最終的に人間が確認し、差別とみられるようなバイアスのかかった判定は修正するというステップを踏むほかはないであろう。人間の判断を介在させるという解決策は、第２章で論じた「ＡＩの間違い」の問題と似ている。その際にも、人間の判断は、ＡＩが一度判断した結果をダブルチェックするわけではなく、ＡＩの判定とは違った角度から加えられるべきだと述べた。ＡＩが「間違いなく」行った判定にバイアスがかかっていないかというチェックの場合は、人間の判断がＡＩとは別の角度から行われるという点が、ますます明らかである。

差別の排除と「ナッジ」の共通性

ＡＩの判定から差別を排除することと、「ナッジ」の考え方とは、同じではない。「ナッジ」は、人間の行動に方向づけを与えるようなＡＩのアーキテクチャをデザインすることであるのに対して、差別の問題は、ＡＩ自体のふるまいを修正しようとすることだからである。しかし、そこには、共通する問題が潜んでいる。それは、アーキテクチャの設計に際して、指針となる考え方は誰が決めるのかという問題である。

憲法的価値としての差別禁止に対しては、抽象的には、誰も異論がないであろう。しかし、具体的な場面で、それをどの程度、またどのような方法で実現していくべきかという問題になると、社会の中で意見が一致しない場面も少なくない。よく知られた例として、過去に不利益を受けてきたグループの人々にはその埋め合わせとして優遇措置をとるべきだという「アファーマティヴ・アクション」の政策に対して、それが認められるべきか、認めるとしてもどの程度とすることがよいかという論点がある。このような考え方は、アメリカで一九七〇年代に制度化され、その結果、アメリカの大学には、アフリカ系の受験生に対する優遇枠がある。しかし、これに対しては、以前から、白人の受験生を逆差別するものだという批判がある上に、最近では、同じように少数派（マイノリティ）であるはずのアジア系の学生も優遇枠の対象から外され、不利益を被っているのではないかという問題も提起されており、何が「正しい」結論であるかは、決して簡単ではない。したがって、データの質の確保や差別にあたる判定を排除するプログラムを導入し、さらに最終的には人間の判断を介在させて修正する余地を残すなど、さまざまな形で、ＡＩの判定が憲法的価値を損なわないようにするとしても、そこで守られるべき憲法的価値の内容を、誰がどのようにして具体化していくかという問題が残るのである。

「ナッジ」の場合も、人間の行動に対して方向づけを行うことになるから、その方向づけについて、アーキテクチャの設計者がどのようなポリシーや価値判断を持っているかという点が、実は、大きな問題になる。合理的な選択を促すといっても、何が「合理的」であるかという点について社会の中で意見が分かれる場合もあろう。さらに、合理的な判断を支援するアーキテクチャが、別の面で、憲法的な価値や法律上の権利を害するという可能性も考えられる。アーキテクチャの設計者が常に善意であり、かつ賢明な判断をすると仮定できるほど、現実社会は無邪気ではない。

信用スコアリング

この問題を浮き彫りにした事例が、AIによる信用スコアリングである。人間の行動をデータ化し、AIに解析させることで信用の評価、格付け(スコアリング)を行うという発想は、珍しいものではない。それを現実社会で大々的にビジネス化した事例に、中国の芝麻《チーマー》信用というシステムがある。

芝麻信用は、中国のBATの一角を占めるアリババの子会社で、キャッシュレス支払いサービスのアリペイを提供するアント・フィナンシャル社によって設立された。芝麻信用の仕組みは、個人の属性や行動を、社会的な地位や学歴、職業などの「身分特質」、過去の支払い状況や資産などの「履行能力」、クレジットや取引の履歴などの「信用歴史」、交友関係や仕送りなどの「人脈関係」、そして消費の特徴や振り込みなどの「行為偏好」の五項目に分けて、それぞれを点数化するというものである。具体的な点数の算出方法は非公開とされているが、ローンの返済を月々怠らなかったか、携帯電話の料金を支払っているか、シェアサイクル（自転車のシェアリング）で借りた自転車を指定された場所に返却したかなどの行為はすべてスコアリングの対象になると言われる。

点数が上がると、ローンの借り入れに低い金利が適用されることをはじめ、携帯電話で無料のデータを受け取ることができるとか、シェアサイクルの保証金や利用料金が免除される、ファーストフード店やコンビニで傘の無料貸し出しが受けられるといった特典がある。中国企業以外でも、第2章で触れた民泊プラットフォームのエアビーアンドビーは、芝麻信用と連携し、その点数を、オーナー側と宿泊者側の双方について表示できるようにした。そこで、快適なサービスを受けたいユーザーは、点数を上げるような「望ましい」行動を選択するようになるのである。

これも、個人の行動を方向づけているという意味で、「ナッジ」の一種であるようにも見える。しかし、日常の行動がすみずみまで一つのシステムによって管理されるようになれば、ユーザーは、常に監視の目に怯えていなければならない。スコアリングの対象としてどのような行動が評価されるかについての情報が公開されていないため、ユーザーは、実際にはスコアリングの対象ではないことがらについても評価を気にかけ、自身の選択が「望ましい」ものかどうかを考えながら、行動するようになるであろう。メッセージアプリで送信する内容や、見ようとする動画やニュースの種類までもがスコアリングに含まれるようであれば、精神の自由さえ保障されない監視社会にさえなりかねない。中国の消費者に便利な生活をもたらした芝麻信用は、反面でそんな不気味さをも持っている。

第5章　国家権力対プラットフォーム

1　仮想通貨は国家を壊すか

国家によるサービス取引の管理

前章まで、デジタル経済による取引の変化が法に与えるインパクトについて考えてきたが、そこでいう「法」は、もっぱら、取引に関連して問題となる契約法や事故の責任を決定する法（不法行為法）、情報（データ）に関する法などであった。これと並んで、国家が経済活動や社会のあり方をコントロールする法（公法、経済法）も、デジタル経済が進展する中で、大きな影響を受けるであろう。本章では、この側面に関する問題を取り上げる。

最初の問題は、「モノからサービスへ」という変化と国家の関係である。この変化は、経済活動を国家が管理しようとする際に、大きな影響を与えるであろう。経済活動には、通常、規模の経済と呼ばれる性質がある。規模が拡大すればするほど、生産や流通の効率が上がり、その結果として、収益性が向上する。したがって、経済活動は、常に国境を越えて拡大しようとする傾向を持つ。これに対して、国家は、あるときは自国の産業を保護するために、またあるときは公衆衛生の維持や消費者にとっての安全の確保、国家の安全保障といった経済以外の政策目的を意図して、経済活動を国境で管理しようとしてきた。

モノの国際取引は、取引の対象が物理的に存在するので、国境で容易に管理され、関税の賦課を通じてその量がコントロールされてきた。そこで、第二次世界大戦後には、関税と、関税以外の根拠にもとづく規制措置（いわゆる非関税障壁）を抑制する国際合意（関税と貿易に関する一般協定（GATT））が導入され、自由貿易の促進が図られた。ところが、経済活動の中心がサービス取引になると、国境で物理的に管理するという手法は取りづらくなる。それでも、金融や電気通信など二〇世紀のサービス取引では、市場に対するサービス提供の段階をとらえ、市場への参入を規制することで取引の管理が可能であった。そこで、世界貿易機関（WTO）が設立される際には、サービス貿易について、市場アクセスに対する規制を制限していく合意が作られた。このサービス貿易自由化協定（サービスの貿易に関する一般協定（GATS））は、WTO協定の柱の一つになっている。

デジタルとネットワークの時代になると、市場に対するサービス提供の段階においてすら、取引の管理は難しい。サービス提供のための営業所などは必要がないため、利用者がネットワークに接続しているだけで、サービス取引が可能になってしまうからである。第2章でもとり上げたAIによる医療診断システムを考えてみよう。医療サービスの提供は、日本では医師法という法律によって、日本の医師国家資格を持った医師でなければ認められないとされている。たとえ海外で医師の資格を持っていても、日本の資格がなければ、日本国内で患者を診察することはできない。また、医療機器というモノについては、「医薬品、医療機器等の品質、有効性及び安全性の確保等に関する法律」（薬機法）という法律により、日本国内での製造と流通が規制されている。たとえば、シンガポールで開発されたＡＩ診断装置があった場合、それを日本の病院に納品するためには、薬機法にもとづいて承認を受けなければならない。

ところが、日本で資格を持つ医師が、診断に際してインターネットで情報を検索し、海外の情報を参照することは、規制されていない。それと同じように、端末から画像を読み込み、システム上でＡＩによる診断を行った上で結果を表示するというサービスがインターネット上で提供されている場合、そのシステムが海外のサーバーから、海外の事業者によって運営されているとしても、医師が日本からアクセスして利用することは規制されない。その場合には、医療機器が日本国内で流通しているわけではないからである。また、そうしたサービスが、例えば個人のウェアラブルデバイスから収集されたデータをもとに診断を行い、その結果をオンラインで個人に返すというものであった場合、ウェアラブルデバイスが薬機法の適用対象となる「医療機器」にあたらない限り、やはり、規制されないことになる。ネットワークを通じて提供されるそうしたサービスを利用するかどうかは、日本の法律上は、医師や本人の判断にゆだねられているのである。

仮想通貨の挑戦

国家による管理が難しいとすれば、国境を越えて広がっていこうとする経済活動の本来の性質が、制約を受けずに表面化する。この問題を最も極端な形で提起した試みが、第4章でも取り上げた暗号資産であった。その中でも最初に知られるようになったビットコインは、どの国家ともまったくつながりを持たない集団により、「仮想通貨」という名称で提案された。現在の制度の下では、通貨を発行する権限は、国家が独占的に持っているので、「仮想通貨」という名称自体が、デジタルの経済活動は国家の枠組を離れて広がっていくという宣言であった。それは、いわば国家に対する挑戦状であったと言ってよい。

ビットコインの原理となる考え方は、サトシ・ナカモトという名義で公表された謎の論文に書かれている。サトシ・ナカモトという名前は日本人の氏名を思わせるが、著者の実体は不明であり、それが実在の人物なのかどうかすらはっきりしない。この論文は、現在でも、インターネット上で読むことができる。その中では、現実世界の貨幣と同じものをデジタル・ネットワーク上で作り出す方法が論じられている。

現実の貨幣は、物理的に存在するので、それを持っていれば(占有していれば)有効に使うことができる。いったん支払いに使った貨幣は、相手に渡ってしまい、二重に使うことは考えられない。ところが、物理的な媒体が存在しない仮想通貨では、データを都合よく書き換えて、本来持っていた金額以上の支払いをするという可能性がある。そこで、同一のデータが二重に使われないことを保証する仕組みが必要になる。

ナカモト論文が提案する方法は、仮想通貨を他人に移転する(使う)ときは、移転する者の電子署名を付し、それを暗号化(ハッシュ化)して仮想通貨のデータ自体に追加してしまうというものである。特定の仮想通貨Aに特定の保有者Xが電子署名を二重、三重に付すという不正を防止するためには、すべての取引について、このハッシュ化されたデータを公開して、そこに二重の電子署名がないかどうかを検証すればよい。ネットワークにつながっている他のコンピュータが、この検証を実行する役割を担うのである。この仕組みを実現するために、第4章で説明したブロックチェーンの仕組みが考案された。

ナカモト論文が提唱するブロックチェーンの仕組みは、どこかに一元的なデータベースを置くよりも、ネットワーク上で分権的にデータを管理した方が効率的だという点にポイントがある。仮想通貨の二重利用を防ぐためには、それぞれの仮想通貨が誰の手元にあるかをどこか一か所のデータベースに登録し、取引の都度、それを書き換えていくという方法でも可能であるが、取引の量が増えていくと、データベースに要求される処理能力は膨大になる。それよりも、すべての取引をネットワーク上に公開し、接続しているすべてのノードによる検証にさらすことで、より効率的に不正取引の防止が図られると主張したわけである。これは、一社で処理能力の大きなコンピュータを導入するよりも、クラウドとして連結された多数のコンピュータに作業をさせた方が効率的になるという第2章で説明したことと同じで、情報処理の仕組みとしては、正しい指摘であったと考えられる。

仮想通貨の「信用」

しかし、これだけであれば、仮想の貨幣（マネー）であっても、仮想の通貨（カレンシー）を作り出したことにはならない。貨幣が通貨になるためには、「信用」が必要である。そして、現代では、貨幣に信用を与える機能は、基本的に国家が担っている。ユーロのように、国家を統合した組織が発行する通貨もあるが、それは国家の権能の一部が、EUという地域経済統合組織にゆだねられている状態であって、国家が通貨に信用を与える仕組みの発展形と言えよう。

たしかに、これまでも、通貨の発行と国家の権能は、常に一致してきたわけではない。他国の通貨が、事実上、本来の通貨のように流通することは、本来の通貨が信用されていない場合などに生じてきた。たとえば、通貨の交換率（レート）を実際の経済力と乖離した水準で固定している国などでは、アメリカのドルが持ち込まれ、自国の通貨以上に信用されているという状況が見られる。中米のエルサルバドルのように、自国の通貨を二〇〇一年に廃止し、アメリカドルを正式に自国通貨として採用してしまった国もある。同じような事例として、アフリカのジンバブエは、年に数百パーセントから一〇〇〇パーセントというハイパーインフレを経験した末に、二〇一九年六月まで、アメリカドルのほか、中国の人民元や日本円など九種類の外国通貨を自国の法定通貨として定めていた。

しかし、逆に言えば、国家が発行する通貨ですら、インフレなどによって信用を失えば、人人に使われなくなるのである。まして、国家とは無関係のネットワーク上で「仮想通貨」を作り出してみても、それが信用されるだけの仕組みは備わっていない。金融論の教科書などには、通貨の信用とは、その価値があまり大きく変動しないこと、時間を超えて価値が維持、貯蔵されることだと書かれている。経済活動は、時間軸の上で進んでいくので、昨日受け取った一〇〇万円が、今日も、来月も、来年も、一〇〇万円としての価値を持っているということが重要なのである。このような通貨の信用を維持するために、国家は、中央銀行を通じて、通貨発行量の調整をはじめとするさまざまな仕組みを動員している。

ところが、仮想通貨は、国家を離れて運営されるので、そうした信用を担保する仕組みが備わっていない。ナカモト論文では、システム上(おそらく、取引をするためのソフトウェアのプログラムとして)、発行される仮想通貨の総量が決まっているという前提がとられており、したがって、仮想通貨はインフレにならないと書かれている。しかし、仮想通貨が無制限に増発されることはなくとも、それに対する市場の需要が変動すれば、結果的に、仮想通貨の価値も上下する。市場に、支払い手段としてはただ一つの仮想通貨だけが存在するという状態でない限り、仮想通貨は、ドルや円や人民元と比較され、それらとの間で選択される。したがって、仮想通貨を使いたいという需要は、当然に変動することになる。現実に、ビットコインは、投機の対象となって激しく値上がりと値下がりを繰り返してきた。ビットコインの存在が一般の人々にも知られるようになってきた二〇一三年末には一〇万円前後の価格を付けていたが、翌年二月、東京の青山にあったMt. Goxというビットコインの取引所がハッキングにより預かり資産を盗まれたと主張して閉鎖された時には二万円を割り、その後、二〇一七年には急騰して、一二月に二〇〇万円近い最高値を記録したものの、導入から一〇周年を迎えた二〇一九年一月には、その半値の五〇万円前後になり、その後、また上昇して一〇〇〇万円を超えた。このように価格が激しく変動することは、ビットコインなどの仮想通貨が、むしろ支払い手段としては市場に受け入れられなかったことを意味する。

そのような現実を反映して、法律的にも、「仮想通貨」を支払い手段としての「通貨」ではなく、投機対象の「資産」として規律する方がよいという見方が、次第に広まってきた。日本でも、いったんは、平成二八(二〇一六)年に「資金決済に関する法律」を改正して、「仮想通貨」に関する規制(正確に言えば、仮想通貨交換業者の規制)を導入したのであるが、令和元(二〇一九)年には、「仮想通貨」という用語が「暗号資産」に置き換えられることになった。

キャッシュレス決済の登場

仮想通貨に代わって、オンラインの支払い手段として普及してきた仕組みは、スマートフォンなどを利用したキャッシュレス決済と呼ばれるものである。日本はキャッシュレス決済が遅れていると言われることも多いが、鉄道系の電子マネー(第3章で触れたSuicaなど)は、鉄道の乗り降りだけではなくコンビニや飲食店などでも非常によく使われているので、実は、キャッシュレス取引がまったく立ち遅れているわけではない。ただし、世界のキャッシュレス取引と異なり、現金によるチャージが主流であって、銀行口座からの引き落としはほとんど利用されておらず、またクレジットカードの国際ブランド（ビザやマスターカードなど）との結びつきもないという点に、日本に独自の特徴がある。

これに対して、最近、スマートフォンを利用したキャッシュレス決済が急速に広まってきた。スマートフォンの二大勢力であるアップルとグーグル（アンドロイド）が、それぞれアップルペイ、グーグルペイを提供しているほか、LINE は LINE Pay を、Yahoo! は PayPay というサービスを、楽天は楽天ペイを、そしてメルカリはメルペイをスタートさせるなど、各種のプラットフォームがキャッシュレス決済のサービスを開始している。これらは、スマートフォンを認証の手段として利用しているものの、送金の仕組みとしては、銀行振り込みの応用である。銀行振り込みとは銀行預金を移動させることによる支払いであり、銀行預金はそれぞれの国の通貨で成立しているから、結局のところ、デジタル経済の支払い手段は、国家が信用性を保証する通貨に戻ってきたということになる。

スマートフォンによるキャッシュレス決済は、アプリをスマートフォンにダウンロードして利用する。一般的な仕組みでは、支払いを受ける店舗に読み取り端末（リーダー）があり、アプリがリーダーによって読み取られることで、支払いをしようとする人が特定される。アプリは、スマートフォンの利用者が持つクレジットカードやプリペイドカードと紐づけられているか、またはそのカードから「チャージ」がなされていて、店舗が入力した金額について、紐づけられたカードからの支払いが行われる。クレジットカードの引き落としは銀行預金からなされるから、結局、アプリを経由して銀行預金の移動、いわゆる銀行振り込みが行われているということになる。プリペイドカードの場合、現金で「チャージ」する場合もあるが、銀行の窓口やATM機に現金を持参して振り込むケースの応用と考えれば、やはり銀行振り込みの応用であると言える。

スマートフォンによるキャッシュレス決済の中には、店舗側がQRコードを用意していて、それをスマートフォンで読み取るという方式を併用するものもある。日本ではPayPayがこのような機能を持っている。この方式の場合、QRコードが、支払いを受け取る主体を特定し、それをスマートフォンで読み取って支払いの操作をすると、スマートフォンの持ち主から、特定された受取人に対して、指定された金額の送金が行われるという仕組みになっている。これは、いわゆる口座振替の応用である。金融法の分野では、資金を送る側からの指図で行われる送金を「振込」、受け取る側からの指図で行われる送金を「振替」と呼んでいるが、どちらも、結局のところは銀行口座への送金を行っていることに変わりはない。違いは、スマートフォンの画面で認証して特定される当事者が送金する側か（「振込」型）、受け取る側か（「振替」型）という点だけである。キャッシュレス決済に関して、中国では物乞いもQRコードを持っていて、施しをしようとする人はスマートフォンでQRコードを読み取り、送金をするのだとも言われるが（真偽は不明である）、その場合には、この振替方式の支払いが行われているのであろう。

キャッシュレス決済とプラットフォーム

このように、デジタル経済の時代になっても、完全に国家から独立した支払い手段が実現するわけではない。スマートフォンを使ったキャッシュレス支払いといっても、結局は、銀行間のネットワークによる預金の移動という形で、通貨が支払いの方法として用いられている。しかし、それらの支払いが、プラットフォームの提供するアプリケーションとして実行されているという変化は、見逃すことができない。消費者が手にするものは、国家や中央銀行が発行する貨幣や紙幣ではなく、アプリをダウンロードしたスマートフォンなどの端末なのである。キャッシュレス社会とは、その意味で、消費者と「通貨」の距離が、次第に遠くなっていく社会であると考えられる。

これをやや大げさに言えば、二〇世紀に国家が行使していた権能の一部が、プラットフォームによって担われるようになるということである。そして、そうしたプラットフォームの中には、国境を越えて各国に多くのユーザーを持ち、また小規模な国家の財政よりもはるかに大きな資本力を持つものもある。国家に対する真の挑戦者は、「通貨」の概念を正面から変えようとした仮想通貨ではなく、通貨に依拠しつつも、その機能の一部を代替しつつあるプラットフォームだったのである。

2　デジタル版の「新国際経済秩序」

データ資源の資源ナショナリズム

国家をも脅かす存在になったプラットフォームは、取引の場の提供を通じて、人の行動に関する膨大なデータを手にしたと言われる。これは、「財からデータへ」という変化の中で、大きな資源がプラットフォームに集中しているということを意味する。これに対して、国家の側は、データ経済の時代にふさわしい経済秩序を作ろうと動き出している。第3章では、EUが制定したGDPRを、一九七〇年代の「資源ナショナリズム」に相当する動きと表現したが、「資源ナショナリズム」は、それまでの歴史の中で作られてきた経済秩序を一新して作られるべき「新国際経済秩序」（ＮＩＥＯ）の基盤となる考え方として提唱された。時代はめぐり、一九七〇年代の「資源ナショナリズム」の時代には否定される既存の秩序側であったヨーロッパ諸国が、今度は、アメリカから生まれた巨大プラットフォームに対して、新しい経済秩序を構築して対抗しようとしていることは、皮肉である。

もっとも、天然資源は「財」であったから、一九七〇年代には、その国有化（ナショナリズム）は大きなインパクトを持ったが、「財からデータへ」の転換が起こった二一世紀には、同じ戦略をとることは難しい。国土に埋蔵された天然資源とは違い、個人に関するデータは、国有化して、国家が保有するというわけにはいかないからである。そこでＥＵは、ＧＤＰＲの制定により、データ（個人情報）の利用に関するルールを厳格にして、利用を拒絶する自由を個人の側に与え、また利用に際して対価が支払われるような仕掛けを導入した。データという資源を国有化する代わりに、データが安易に奪われないようにして、国内に存在する資源の保有者の利益を図ったと評価できるであろう。もちろん、第３章でも述べたように、これがプラットフォームに対抗する国家の戦略として有効であるかどうかは、また別の問題である。

著作権に関するプラットフォームの責任

第3章で述べた「情報法の構造」では、個人情報(プライバシー)とは反対の極に、知的財産権の問題があった。したがって、「財からデータへ」と移行する時代の新経済秩序は、知的財産権の問題にも対応しなければならない。そこでEUは、二〇一九年四月に、著作権法ディレクティヴを制定した。第2章で取り上げた製造物責任ディレクティヴと同じく、ディレクティヴ(指令)の形式であるから、EU各国は、これから、著作権法を改正して、この二〇一九年ディレクティヴの内容を取り入れなければならない。

このディレクティヴにはさまざまな内容が含まれているが、大きな注目を集めた点は、大規模なプラットフォームに対して、著作権を侵害するコンテンツを発見し、削除する仕組み(「アップロードフィルター」と呼ばれている)を導入するように義務づけたことである。この義務を課される「大規模」なプラットフォームとは、年間売り上げが一〇〇〇万ユーロ以上の事業者を言う。ユーチューブのような動画共有サイトや、フェイスブック、インスタグラムなどのSNSは、この基準に該当すると思われ、AIなどにより著作権を侵害するコンテンツの検知を実施して、発見された違法コンテンツは削除するように努力しなければならない。これは、第4章で論じたアーキテクチャを、著作権侵害の抑止という目的で導入させる規制と言えるであろう。

純粋に著作権制度の問題としてみれば、これは、プラットフォームに対して、著作権を侵害するコンテンツの公開を未然に防止するためのゲートキーパー（門番）としての役割を課したものと考えられる。しかし、巨大化したプラットフォームに対抗するための新しい経済秩序と位置づけると、別の一面が見えてくる。プラットフォームが、国家をしのぐほどに大きな力を持ったのであれば、権利の保護についての責任も持つべきだと、ＥＵは考えたのではないだろうか。そこで守られる権利は、権利者の国籍によって限定されているわけではないが（著作権は国際条約で保護されているので、権利者の国籍によって差別することはできない）、当然、ＥＵ構成国の国民が持つ著作権を含んでいる。つまり、ＥＵとしては、巨大プラットフォームによってＥＵ市民の権利が踏みにじられないように、プラットフォームが作るデジタル経済圏に、秩序を要求したのである。

プロバイダーの責任制限

この新しいルールは、インターネットが普及し始めた一九九〇年代に確立されたルールを変更するものであり、その意味で、まさしく新経済秩序と呼ぶことができる。一九九〇年代、黎明期のインターネットにも、すでに著作権を侵害するコンテンツがあふれていた。当時のアメリカで、インターネットへの接続サービスを提供する通信事業者は、これらのコンテンツが原因となって接続サービスプロバイダーが著作権侵害の責任を負わされないことを保証してほしいと、連邦議会に対して熱心に働きかけた。アメリカでは、判例法により、言論・出版の関係者の中で「出版者」(パブリッシャー)と位置づけられると、言論の内容について責任を問われる。「出版者」(パブリッシャー)は、現実に書籍などを出版する出版社だけではなく、言論内容に関与する立場の主体を広く含む。通信事業者は、接続サービスプロバイダーの役割は通信回線をつないで通信サービスを提供する水道管のようなものにすぎず、その中をどのような言論・表現が通っていくかには関知できないと主張したのである。

議会に対する働きかけが実を結び、アメリカでは、一九九八年に著作権法が改正されて、プロバイダーはコンテンツが著作権を侵害しているかどうかについて注意を払う義務を負わないと定められた。ただし、著作権者が、特定のコンテンツを挙げて自分の権利が侵害されていると指摘したときは、プロバイダーはそのコンテンツの削除(アクセスの遮断)を実行する義務を負う。逆に、指摘を受けて削除した以上は、コンテンツをアップロードした側に対して責任を負うことはない。指摘(ノーティス)を受けて削除(テイクダウン)するというこのルールは、「ノーティス・アンド・テイクダウン」として世界的に受け入れられた。細部は異なるものの、日本でも平成一三（二〇〇一）年に制定されたプロバイダー責任制限法に採用され、またEUでも、これまでは二〇〇〇年の電子商取引ディレクティヴを各国が国内法に取り入れて、ノーティス・アンド・テイクダウンが基本ルールとなってきた。

ノーティス・アンド・テイクダウンがインターネット・プロバイダーにとって有利なルールであったことは間違いないが、そこには、インターネット上の情報流通に関する一つの考え方が反映されていたように思われる。それは、プロバイダーが表現内容（コンテンツ）について責任を問われないようにすることで、より多くの情報がインターネット上に流れるようになるという考え方である。プロバイダーがコンテンツの内容に責任を負うことになると、そこで一種の自己検閲が発生し、結果的に、情報の流通が阻害される。そうではなく、ある程度は著作権侵害が発生することを容認しつつも、インターネットを通じて社会に流れる情報の量を大きくする方が、総体としての社会の利益につながる、と二〇〇〇年頃の世界では考えられたのである。

第3章で示した「情報法の構造」の図を思い出してほしい。プライバシーと知的財産権は、どちらも重要な利益であるが、これらを強調しすぎると、情報の利活用・流通促進という根本の目的が阻害される。ノーティス・アンド・テイクダウンのルールは、非常に単純化して言えば、情報の利活用・流通促進に大きなウェイトを置く制度であったと言えよう。第3章で取り上げた一般データ保護規則(GDPR)と、この新しい著作権ディレクティヴとを併せ考えると、EUは、二〇一〇年代後半に至ってこれまでの考え方を逆転させて、プライバシーの保護と著作権の行使という両端の権利がこれまで以上にウェイトを与えられるべきだ、と主張し始めたわけである。これが、デジタル版の新経済秩序にほかならない。

巨大プラットフォームは国家と同視されるべきか

こうしたデジタル版の新経済秩序(そのような表現をEUが使っているわけではないが)は、国家をしのぐほどの力を持つようになった巨大プラットフォームに対して、国家と同様の責任を負わせるルールだとまとめることができる。国家と同様の存在であるから、巨大プラットフォームに対して個人のプライバシーが守られなければならない。そして、国家と同様の存在であればこそ、もはや権利(著作権)の侵害に対して責任を負わずにいることは許されず、政府と同じように、権利保護のための責任を分担するべきだという考え方である。

しかし、巨大プラットフォームは、そこまで特殊な存在なのであろうか。ニューヨーク大学スターンビジネススクールのスコット・ギャロウェイ教授が書いた『GAFA　四騎士が創り変えた世界』という書籍（原題は『ザ・フォー（the four）』と直截である）は、次のように、これらの巨大プラットフォームのインパクトを描写している。

「二〇一三年四月から二〇一七年四月までの四年間で、四騎士の時価総額はおよそ一兆三〇〇〇億ドル増加した。これはロシアのGDP総額と同じだ。

新旧を問わず、そして大企業であれ巨大企業であれ、他のテック企業は存在感を失いつつある。ヒューレット・パッカード（HP）やIBMを含め、老いていく巨人は四騎士の目の端にも入っていない。ハエのように飛び回っている何千もの新興企業は、はたき落とす価値もない。四騎士にとって目障りな存在になりそうな企業は買収される――下々の会社には想像もできない額で。」（渡会圭子訳）

しかし、歴史上、巨大企業が出現してはそのコントロールが政治的な問題になり、その後しばらくすると、市場の競争の中で新しい形態の企業にとって代わられるということが繰り返されてきた。一九世紀に、まだ新興国であったアメリカは、イギリスの海運会社が「海運同盟」

と称するカルテルを通じて海上交通を支配したことに苦しめられたが、二一世紀を迎えた現在、世界の海運業は中国・韓国・台湾のアジア企業が市場をリードし、欧米の海運同盟はほぼ崩壊した状態にある。一九七〇年代、資源ナショナリズムが対決した石油業界は欧米の大手石油資本(石油メジャー)に支配されていたが、現在では、産油国の石油会社など数多くの新規参入企業が市場を分け合い、かつての大手石油資本も合併により再編された。日本国内でも、都会の贅沢な買い物を象徴していたデパートが、一九七〇年代頃には地方都市にチェーンを広げるスーパーに小売業の主役の座を譲り、そのスーパーも法規制の影響などによって一九九〇年代にはコンビニに取って代わられるといったように、企業の盛衰の事例にはこと欠かない。

GAFAと呼ばれる巨大プラットフォームが、現在、いかに大きな影響力を持っていても、いつかは歴史の一コマとして色あせていくのではないだろうか。ギャロウェイ教授は、『GAFA 四騎士が創り変えた世界』の中で、次のようにも書いている。「この先どんなことが起こるか予測はつかない。一九七〇年代のIBMは天下無敵に思えた。一九九〇年代にはマイクロソフトが電子機器業界を震撼させた。会社は古くなる。成功は自己満足につながる。新しい挑戦や株式公開前のオプションを求めて優秀な人材が流出するのは避けられない。」

国家からの自由・国家に対するプライバシー

巨大プラットフォームにも国家と同じように責任を負わせるという新経済秩序は、反面で、プラットフォームを規制する国家が市民の利益の擁護者となることを前提とする。しかし、伝統的には、市民の自由は、何よりも国家に対抗して、国家の支配から守られてきたのではなかったか。個人のプライバシーを、いかに巨大とはいえ企業から守るために、国家が介入するという構図には、どこか違和感が付きまとう。

違和感の正体を解明するため、第4章で取り上げた中国の芝麻信用について再び考えてみよう。中国も、EUのGDPRや日本の個人情報保護法改正を参考にしながら、個人情報の保護を強化してきた。二〇一七年に施行された「ネットワーク安全法」(網絡安全法)は、個人情報の収集や保存に関する規律を定め、また情報の削除・訂正請求権を規定している。さらに、これらを具体的に実施する際のガイドライン(推奨国家標準)として、「情報安全技術　個人情報安全規範」も二〇一八年五月に施行された。これは、中国版のプラットフォーム規制と言えなくもない。

他方で中国は、政府自身が、国民の行動を評価してデータベース化するという「社会信用体系」(social credit system)を構築しようとしている。二〇一四年に「社会信用体系建設計画綱要」

が発表され、社会における信用の向上を奨励するシステムを二〇二〇年までに構築するという目標が掲げられた。そして、現実に、「信用中国」というウェブサイトがすでに開設されているという。その背景には、中国では「上の政策あれば下に対策あり」などと言われて政府の統治が徹底しないことも多く、また、民間の取引でも契約などの約束を守らず、借り入れを踏み倒す、さらにはビジネス上の詐欺や知的財産権を侵害した模倣品の製造といった行動が頻発するという問題の存在があった。そうした前提の下では、個人の行動に規律を持たせ、社会に「信用」を定着させる政策が必要であると考えられたことにも、理解できる面はある。

しかし、それは、政府に対して、市民のプライバシー(私事)が常にさらされた状態になるという危険を伴う。第4章で紹介した芝麻信用の信用スコアリングは民間事業者によるサービスであるが、同じことを政府が主体となって行い、包括的な個人情報が政府の構築する信用データベースに蓄積されていくようになれば、個人は、国家権力によってすべての行動を把握されるということにもなりかねない。このように、デジタル技術を通じてすべてが監視の対象となり、個人の精神的な自由が抑圧されていく社会を、ドイツの中国政治研究者であるゼバスティアン・ハイルマン教授は「デジタル・レーニン主義」と呼んでいる。個人の行動に規律を持たせる目的で作られた信用スコアリング(社会信用体系)が、現状の政治体制に対する服従を確保するための統治のツールとして用いられ、「レーニン主義」的な、あるいは、ジョージ・オーウェルの小説『一九八四年』が現実化したような、抑圧的な体制をもたらすという警告である。

AI倫理と「よい統治」に対する権利

ここで改めて、プライバシーの権利とは誰に対して守られるべき権利なのかという問題を考えてみたい。日本では、小説の中で私生活をのぞき見したかのような描写をプライバシーの侵害とした判決がプライバシーの権利を認めるきっかけになったが、「のぞき見」の中でも最も危険なものは、GPS追跡装置による捜査のような国家権力による「のぞき見」であろう。特に、AIとデータ経済の時代には、「知られたくないものを公開されない」という利益だけではなく、「情報を使って知られたくないことを推測されない」ことの利益が重要になっている（第3章）。そのような意味のプライバシーは、なおさら、国家に対して守られる必要があるであろう。日本では、プライバシーの権利は憲法上の人権（憲法一三条にもとづく幸福追求権）に含まれると理解されており、国家に対する個人の権利として位置づけられている。EUでも、ヨーロッパ基本権憲章で「プライベートな生活と家族生活を尊重される権利」が保障されており、このヨーロッパ基本権憲章にもとづく権利の保護が、第4章で紹介した「信頼されるAIのための倫理ガイドライン」の基礎となっている。従って、プライバシーの権利は、まず何よりも国家権力に対する市民の権利として認められる。

ところが、そのEUが、デジタル版の新経済秩序を提唱し、私企業であるプラットフォームに対してプライバシーを守るための制度を導入した。巨大プラットフォームは日常生活に対する影響力を考えれば国家に匹敵するという認識を前提に、「国家に対するプライバシー」という概念を転回して、私企業(プラットフォーム)に対して「も」プライバシーを守る必要があると判断したわけである。その結果、権力(EU)は、巨大プラットフォームに対して個人の権利を擁護する立場に立つことになった。

このとき、さらに議論の軸を転回させると、企業に対して「は」プライバシーの保護を義務づけるが、国家との関係は問題の射程外に置くという政策もあり得る。仮にそのような政策が現実化すれば、国家と市民のプライバシーの関係は、伝統的な議論から完全に反転してしまう。企業との関係では、国家が個人のために法を執行してプライバシーの利益を擁護するが、国家に対しては、市民にプライバシーの権利は認められないということになるからである。ハイルマン教授は、「デジタル・レーニン主義」という表現によって、中国はその方向に向かっているのではないかという問題を指摘しているのである。

プラットフォームには国家と同等の責任があるという議論は、もちろんそれなりの根拠を持っているが、基本権の保障が確立されていない国に持ち込まれると、企業だけを規制し、国家権力は個人を監視・抑圧するという制度へと容易に転化する危険がある。ＥＵでは、ヨーロッパ基本権憲章で「よい統治（グッド・ガバメント）」に対する権利が「市民の権利」の内容として保障されているため、権力による抑圧からの自由と民主的な政治体制が失われるおそれはないという理解が前提になっていた。しかし、そうした前提が共有されないまま、巨大プラットフォームとの関係のみを強調するデジタル版新経済秩序の考え方が独り歩きし、世界のさまざまな国に広まっていくような事態になるとすれば、そこには、危うさを感じずにはいられない。

別の言い方をすれば、巨大プラットフォームが持つパワーは経済力であるが、国家権力には政治的なパワーがある。政治的なパワーとは、警察力と軍事力にほかならない。ＥＵから始まったデジタル版新経済秩序のうねりによってわれわれが直面している問いとは、財物からデータへと経済の中心が変化する時代にはもっぱら経済的なパワーが問題であり、政治的なパワーはもはや関心を向ける必要はない、と割り切ってよいのかというものなのである。

3　法を執行する「コード」と権力に対抗する「コード」

法律を「コード」に置き換える

本書では、これから経済取引に起こる第三の変化として、取引のルールが「契約からコードへ」と変化すると指摘してきた。国家にとっては、これは、「法からコードへ」の変化が起こるということを意味する。法律違反の取り締まりをプログラムによって行い、そのプログラムにもとづいて動くロボットが、警察官の代わりに法を執行するという可能性も、実際に検討されていくであろう。犯罪組織の拠点など、危険な場所にはロボットを送りこむことにすれば、警察官が犠牲になる確率を減らせるかもしれない。そもそも、道路を走る自動車の大半が自動運転車になり、日常生活でも、ロボットやアバターが大量に使われるようになる時代に、警察官だけが人間のままだとしたら、かえって奇妙である。

しかし、これは、一見して受ける印象よりも、かなり難度の高い挑戦になる。その理由は、法の執行が、現実には、機械的に行われていないからである。現場の警察官には、その時々の状況の中で法をどのように執行するかについて判断をする裁量権が与えられている。法の執行を自律的なロボットに任せるためには、この判断を、プログラムとして書き出さなければならない。

スピード制限を取り締まるプログラム

これがどの程度まで現実的なことか、アメリカで、興味深い実験を行った報告がある。この実験では、大学でコンピュータ・サイエンスを専攻する学生を集めて、スピード制限の違反を取り締まる交通法規をプログラムとして書かせてみた。学生には、ニューヨーク州の交通法規から抜き出した関連規定と、二組のデータが与えられた。二組のデータは、現実に走行した自動車で記録した速度データと、現実の事例に近いものとして作られた模擬の速度データである。学生は三つのグループに分けられ、そのうち第一のグループは「法律の文言」どおりに執行するようにと指示され、第二のグループには「法律の趣旨」を考えて適用するようにという指示が出された。そして、第三のグループに対しては、プログラムの作り方について、詳細な指図が与えられた。二週間後、各グループがプログラムを完成した後に、それぞれのグループの学生を集めてディスカッションを行い、プログラムを作った際の前提や考え方などを確認した。

各グループの学生たちが作ったプログラムには、驚くほどのバラつきがあったと報告されている。たとえば、現実の社会では、スピード制限を一キロでも超過したらただちに違反として交通反則切符を切るということは、まず考えられないが、「法律の文言」どおりの執行を指示された第一のグループでは、学生全員が、わずかな超過も違反として交通切符が切られるようにプログラムを組んだ。「法律の趣旨」を考えるように指示された第二のグループの学生は、多少のスピード超過では違反とならないようなプログラムを組んだが、どの程度の超過まで猶予するかは、学生によってかなり幅があった。実は、第三のグループに対しては、一定の超過までは違反としないように指図が出されており、しかも、「制限速度が時速三〇マイル以下の区間では五マイル以上超過したときに、制限速度が三〇マイルを超える区間では時速一〇マイル以上超過したときに、それぞれ違反とされ、交通切符が切られる」というように、猶予の幅を二段階で設定するように指図されていたのであるが、そうした詳細な指図を受けず、「法律の趣旨」に従って適用するようにとだけ指示された第二のグループでは、誰一人として、猶予の幅を二段階で設定した学生はいなかった。

このほかにも、たとえば、一定の時間継続したスピード制限の超過を全体として一回の違反と扱うか、データの量だけ違反を起こしたと扱うかという点でも、学生の組んだプログラムには違いが出た。たとえば、制限速度を超過してから制限以下に減速するまでの時間が五分であった場合、「全体として」違反をカウントするプログラムでは一回の違反となるが、「データの数だけ」違反とカウントする場合、三〇秒ごとに速度データが採取されるシステムであれば一〇回の違反があったことになり、一〇枚の交通反則切符が切られる。データやセンサーの誤差をどのように扱うか、入力される数値の桁をどのようにセットするかなどについても、プログラムの内容は一致しなかったとされている。

法の運用とプログラムの間

この実験は、重要な教訓を示している。人間が法を執行する場合、スピード制限のように裁量の余地が比較的少ないと思われるときですら、現場の判断に依存して運用される面がかなりある。それは、法執行の現場では暗黙のルールやノウハウになっているかもしれないが、法の執行を「コード」で置き換えようとする場合は、そうした暗黙の運用までプログラムに書き込まなければならない。そして、生身の人間が当たり前のように感じる運用は、プログラムに書こうとすると、実は複雑な内容であることもある。日常の感覚では、元になる制限速度が速いと制限速度の超過が許される猶予幅も大きくなるという考え方には、あまり違和感がないであろう。しかし、法律上の制限速度とは別に猶予幅を設けるという決定をした上で、その猶予幅を制限速度に応じて変動させるというルールは、プログラムとしては、かなり複雑である。そうだとすれば、法の執行をプログラム化し、ロボットに任せるときには、人間の判断を正確に再現するような複雑なプログラムを組まない限り、法の運用自体が、現在とは変わってくる可能性がある。

抽象的に言えば、法の執行をプログラム化すると、現場の判断や裁量は、プログラマーの判断や裁量に置き換えられることになる。しかし、プログラマーは、法律家でもなければ、警察官のような法の運用者でもない。法制度の目的や趣旨について、法律家や警察官などと同じ理解を持っていることは、むしろ例外的であろう。そこで、プログラマーの裁量を小さくしようとすれば、プログラムの要件定義を詳細に指示しなければならず、そのためには、現場で行われている運用を正確に言語化するという作業が必要になってくると考えられるのである。

法律の中には、「正当な理由」とか、「相当な期間内に」といった幅のある文言によって規定されているものもある。許される行動や許されない行動を厳密な表現で特定する法律の規定を「ルール」と呼び、それに対して、こうした幅のある文言を用いた法律の規定を「スタンダード」と呼ぶこともある。「スタンダード」は、大まかな考え方のみを法律として規定しておいて、具体的な事例に適用する際に調整を図る制度であると言えよう。こうした「スタンダード」の体裁で書かれている法令の場合には、具体的なルールが明記されていないわけであるから、プログラム化することがそもそも可能なのかどうかも疑問になる。

法の執行を受ける側のコード

ここまでは、違反を発見し、それに対して法を執行するという部分を「コード」(プログラム)に移行する上での課題は何かという問題であった。改めて考えると、ロボットや自動運転車に対して法を執行する場合、違法が発見されたらただちに信号を送って停止させてしまってはどうかとも考えられる。いわば、「法の自動執行」である。自動運転車やロボットが、当局からの通信により操作可能なプログラムを組み込んでいれば、理屈の上では、そのようなことも不可能ではない。

しかし、それでは、個人の行動の自由は国家の手に握られてしまう。個人の自由を基盤とする社会では、個人が所有し、操作するデバイスは、国家権力によって操作できるプログラムを持っていてはならないのである。この点が問題としてクローズアップされた事件が、アイフォーンのロック解除をめぐるアメリカでの論争であった。

二〇一五年一二月、カリフォルニア州サンバーナーディーノの福祉施設で、銃の乱射事件があり、一四名の死者を含む多数の被害者が出た。アメリカ社会が事件に衝撃を受ける中で、FBI（連邦捜査局）は、事件の背景を捜査するために、容疑者のアイフォーンから人間関係などを調べる必要があると考えた。ところが、容疑者のアイフォーンにはロックがかかっていたので、FBIは、アイフォーンの製造元であるアップル社に対して、ロック解除への協力を要請した。しかし、アップルは、この要請を拒絶した。直接的な理由は、端末の所有者がロックをかけたときに、それを解除する技術はアップル社も持っていないというものであったが、それでは、仮にアップル社がロックを解除する技術を持っていたならば、FBIに協力してよいのかという問題が提起された。抽象的な言い方をすれば、個人のプライバシーにかかわる情報を捜査当局が入手することに、IT事業者が技術的な協力をすることは、どの限度で許されるのかということである。

アメリカのCLOUD法

その後、似たような事件が、メールの開示に関して発生した。FBIが、薬物犯罪の捜査を行っている中で、あるメールアドレスが薬物の取引に関するやり取りに使われていることを突き止めた。それがhotmailのアドレスであったため、FBIはマイクロソフトに対して、そのアドレスから過去に発信されたメールの内容を引き渡すように要請したのである。マイクロソフトは裁判を提起し、問題のアドレスから発信されたメールはアイルランドに置かれたサーバーに保存されており、アメリカの管轄権が及ばないと反論した。「個人のプライバシーにかかわる情報を捜査当局が入手することに、IT事業者が技術的な協力をすることは、どの限度で許されるのか」という問題は、国際的に広がりを持つことが浮き彫りになったのである。

このような背景の下で、国際的なプラットフォーム事業者の間では、当局からの命令がユーザーのプライバシーを侵害する恐れがある場合に、そうした命令に応じてよいかどうかについてのルールが必要だという意識が高まった。その結果、二〇一八年にCLOUD法と呼ばれる法律がアメリカで成立した。CLOUD法とは、「海外データ合法的使用明確化法」(Clarifying Lawful Overseas Use of Data Act)の頭文字をつなげた略称である。この法律では、アメリカの裁判所が、犯罪の証拠にもとづいて令状を発し、ユーザーのプライバシーにかかわるデータの提出を命令したときは、たとえそのデータが海外に所在するサーバー上に保存されていたとしても、事業者は、データの提出に応じなければならない。CLOUD法が成立したため、マイクロソフトの訴訟は、審理の意味を失ったとして裁判所に却下された。

日本では、これまで、このような事件は起こっていない。日本の場合、通信の秘密が憲法で保障されており（憲法二一条二項）、さらに、電気通信事業法でも、電気通信事業者が通信の秘密を侵してはならないことが明記されている（同法四条）。そのため、法律上の根拠がない状態で、捜査当局からユーザーのデータを提供するように求められたとしても、事業者はこれに応じてはならない義務を負っているのである。つまり、日本では法制度上、このような問題は起こりえない仕組みになっているといえる。

ところが、アメリカのCLOUD法には、外国の事業者に対しても適用されると書かれている。したがって、日本のSNS事業者やメールサービス事業者は、アメリカの捜査当局が関心を持つような事件に関して、CLOUD法にもとづくユーザーデータの提供を求められる可能性がある。CLOUD法は、例外として、アメリカとの間に二国間協定があり、人権やプライバシーの保障についてアメリカと同等の保障があると認められた国に対しては、法の適用を控えると規定している。日本は、通信の秘密が憲法にも明記されていて強く保障されている国なのであるから、この例外規定にもとづく二国間協定を締結し、事業者に対するユーザーデータの引き渡し命令について、日本で当否を審査できるような仕組みを作っておく必要があるのではないだろうか。そうしておかなければ、いつか、日本の事業者がアメリカのCLOUD法と日本法が保障する通信の秘密との板挟みになる事態が発生するのではないかと懸念される。

コードによる法の執行と法の回避

本章の第2節では、巨大プラットフォームが大きな経済力を持ち、国家をもしのぐ存在になりつつあると述べた。しかし、いくら巨大になっても、プラットフォームは私企業にすぎない。国家のパワーは、警察力と軍事力を独占し、それを用いて企業や個人を従わせる力を持つというところにある。企業や個人は、このパワーに対して、直接には対抗する力を持たない。そこで、警察力や軍事力の行使を制約するルールとしての「自由」の原理が重要になる。

「法からコードへ」の転換が進む時代には、警察力や軍事力の行使もプログラムによる自動執行、すなわち「コード」によって行われるようになる。本書では取り上げないが、無人爆撃機など、軍事面でのＡＩの利用も現実になりつつある。そうした国家権力の行使に対して、個人の自由や企業の秘密を守る砦もまた、個人や企業の端末を動かす「コード」である。端末の「コード」が、ユーザーの了解なく破られる可能性がないのであれば、国家権力からの自由が技術的に保障される。図式的に言えば、未来は、「コード」と「コード」の対決が国家に対する個人の自由の限界を決める時代になる。

本章で見てきたように、そのような時代には、国家権力の行使に利用される「コード」の中に、権力の行使を制約する自由の原理が正しく書き込まれることが重要になるであろう。それとともに、個人や企業の端末の側では、国家権力による端末の「コード」へのアクセスをどこまで許してよいかが問われなければならない。アメリカのCLOUD法は、直接的には後者の問題に関連して作られたのであるが、こうした問題について、国際的に議論を深め、考え方を共有していくことの重要性を示している。「法からコードへ」の転換に、世界の法律学が追いついていくためには、議論をしなければならない問題が、まだ多く残っている。

第6章　法の前提と限界

1　スマートコントラクトと近代法

自動販売機は「スマート」か

科学技術の発展によって新しい状況が出現したとき、専門家の中には、「それに適合した新しい枠組が必要だ」と言い出す人と、「これまでも似たような状況はあった」と主張する人が、常に現れる。ＡＩなどのデジタル技術に関して、ときに聞かれる議論は、「人間が関与しないまま契約が締結されるスマートコントラクトは、自動販売機とどこが違うのか」というものである。

スマートコントラクトとは、一定の条件が満たされた場合に、自動的に取引を実行するプログラムを言う。第4章で説明したブロックチェーンは、スマートコントラクトのプラットフォームとして利用することができる。ビットコインの場合は、「仮想通貨による支払い」という取引をブロックチェーン上で実行しているが、そこで実行される取引を「施設の利用権の取引」や「不動産に対する権利の取引」などに置き換えれば、スマートコントラクトになる。実際に、イーサリアムというブロックチェーンのプラットフォームは、このようなスマートコントラクトを実行するために開発されたものである。

もっとも、法律家の立場としては、ブロックチェーンを使わない場合であっても、システムが自動的に取引を実行してしまう場合を広く検討する必要がある。たとえば、冷蔵庫の中に何が入っているかをセンサーが感知し、不足している商品を自動的に発注してくれるという「スマート冷蔵庫」を考えよう。冷蔵庫に入っていない商品は、不足しているわけではなく、単純に欲しくないだけかもしれないが、スマート冷蔵庫は、持ち主が過去にどのような商品を購入し、冷蔵庫で保存してきたかについてのデータを学習して、何が不足しているのかを機械的に判断する。このような自動発注プログラムも、広い意味では「スマートコントラクト」の一例と言ってよいであろう。

たしかに、機械の動作によって契約が成立するという意味では、自動販売機も同じであるようにも見える。しかし、自動販売機の場合、言葉で意思表示を行わないというだけで、何を買いたいかという判断が、人間によって自律的に行われていることは明らかである。また、その買いたいという意思表示は、ボタンを押すという操作によって、明らかに人間の意思にもとづいて行われている。機械化されている部分は、商品を買いたいという意思を実現するプロセスだけである。これに対して「スマート冷蔵庫」の事例では、判断の過程自体がデジタル化されてしまっている。現在の法律の枠組に無理をして当てはめようとすれば、このスマート冷蔵庫を設置し、ネットワークに接続した時点で、「データにもとづいて不足していると判断される商品を自動的に購入することについて、(将来、スマート冷蔵庫のスイッチを切るまで)包括的に承認する」というきわめて抽象的な同意を与えており、それにもとづいて契約が成立する、と説明しなければならない。

しかし、日常生活の場面で、判断や選択そのものが機械による判断へと置き換えられていくとすれば、抽象的な同意があるといっても、そこには、人間による自律的な判断という要素が欠けている。これは、従来、当然のように考えられてきた「法」の前提が崩れつつあるという事実を示しているのである。

「法律」と「法」

「法」の前提とは、どういう意味か。実は、「法」というものは、一定の社会的な仕組みを前提としている。

一般的には、「法」と「法律」は同じ意味だと考えられていることが多いが、実は、そのような理解は正確ではない。本書では意識的に、「法律」という表現を限られた場面にだけ使い、ほとんどの場合には「法」と表現してきた。「法律」とは、国会（一般的な名称では議会）が制定するルールのことである。つまり、「法律」にあたるかどうかは、制定の手続によって決まり、その内容は関係がないとされている。法学の入門書などには、憲法を国家の最高規範として、憲法の枠内で国会が法律を制定し、その法律にもとづいて行政府が政令や省令といった下位の規範を制定するといった階層構造が説明されている。これは、二〇世紀初めに、ハンス・ケルゼンというオーストリアの法哲学者が提示した見方である。

このような説明の中で見落とされがちな点は、日本を含めて、現在、世界の国々で取り入れられている「法」の体系は、ヨーロッパで発展し、一九世紀から二〇世紀に非ヨーロッパ世界にも受け入れられた「西洋近代法」であるという歴史的な事実である。西洋近代法は、その発展の経緯から当然に、ヨーロッパが歴史的に経験してきた社会の仕組みを前提として持っている。もちろん、日本を含めて、非ヨーロッパ世界がそれを受け入れたときには、家族法や不動産法などを中心に、それぞれの国の実情に合わせた調整が行われた。しかし、基本的な概念や考え方がヨーロッパで発達したものである以上、「法」の体系の裏側には、ヨーロッパ社会の仕組みが、いわば書かれざる前提として存在している。手続的には、議会で承認すればどのような「法律」も作ることができるが、それは、「法」の体系と常に適合的であるとは限らないのである。

もっとも、最近では、このような前提自体が、世界的にも変化しつつある。一九九〇年代に、それまでの東西冷戦の時代が終わり、共産主義や社会主義的な民族主義の体制をとってきた国の多くが、市場経済へと移行した。その過程で、法制度が市場経済を発展させるためのツールとして位置づけられるようになったのである。市場経済への体制移行は、二〇〇〇年前後には一段落したが、法制度が政策ツールとして見られるという状況は変わらなかった。むしろ、法制度の効率性が経済成長を促す要因の一つであるという分析が、世界銀行などのエコノミストを中心に強く主張され、契約法や担保法、会社法などが効率性の観点から評価されるようになった。世界銀行が毎年公表する『Doing Business』という資料の中では、各国の法制度が経済活動に対する効果について指標化され、ランキングの形式で比較されている。

明治日本が学んだ近代法

ここで、日本が西洋近代法に出会った歴史を、簡単に振り返っておこう。徳川幕府が統治していた江戸時代の日本にとって、アメリカのペリー提督が率いる黒船は、「西洋」の象徴であった。欧米列強に迫られて開国を決断した日本は、「西洋」では万国公法(国際法)が国家間のルールとなっていることを知ったが、欧米列強は、近代的な法制度を備えた国家でなければ万国公法の担い手となる主権国家とは認められないという姿勢を貫き、開国に際して、日本に入った西洋人に対しては本国の領事が裁判権を持つことを日本側に承認させた。これを規定した条約が、いわゆる不平等条約である。そこで、明治日本は、この不平等条約を改正するために、近代的な法制度を取り入れることになった。もちろん、急速に欧米から学んだ近代国家の制度は、政治や経済のすべての面に及び、法だけではなかったが、基本的な目標が不平等条約の改正であった以上、明治政府にとって、法の近代化は常に優先度の高い課題であった。そのために、一方では、フランスのボワソナードやドイツのロエスレル（レースラー）といった法学教授を「お雇い外国人」として日本に招きつつ、日本の優秀な若者をヨーロッパの大学に送り出し、法学を修めさせた。明治日本の期待を背負って送り出された若者のモチベーションがきわめて高かったことは、よく知られている。後に民法を起草することになる梅謙次郎は、そうした若者の一人としてフランスのリヨン大学に国費留学したのであるが、満点という超人的な成績で博士号を取得し、教授陣を驚かせたそうである。

そのようにして日本に取り入れられた近代法は、表面的には、近代に成立した主権国家を支える制度であった。一七世紀に、三十年戦争を終結させたウェストファリア条約によって、それぞれの国家が主権を認められ、主権国家が並立することで国際関係が成立するという「ウェストファリア体制」が確立する。そのようにして成立したヨーロッパの主権国家は、近代への歩みの中で議会制度を整え、国の基本となる法律を議会で制定するという国家体制をとるようになった。このような近代国家の典型となった国はフランスである。フランスでは、ナポレオンの統治の下で、民法典をはじめとする基本法典の編纂が行われ、最終的には議会によって採択、制定された。フランスの民法典は、その時点でまだ統一国家すら存在していなかったドイツに大きな影響を与え、ドイツの一部の領邦では、そのままドイツ語に翻訳されて適用された。近代日本が民法を編纂する際にも、梅謙次郎が学んで帰ったフランス民法典が、フランス民法の影響下で編纂されつつあったドイツ民法典とともに、モデルとして参照された。

しかし、ナポレオンの時代に編纂された民法典は、まったくの白紙から作られたわけではない。民法の歴史的な起源はローマ法にある。共和政時代の古代ローマで、裁判の事例を通じて形づくられていった法のルールが、帝政ローマの時代に体系化され、ローマ帝国がいったん滅亡した後の五世紀ごろ、東ローマ帝国(ビザンチン帝国)のユスティニアヌス帝の時代に、『ローマ法大全』としてまとめられたと言われる。そのローマ法が、中世ドイツでは神聖ローマ帝国によって受容され、また中世のフランスでは、地域的に法として取り入れられていった。そうした歴史的な背景から、梅謙次郎が留学していた時代、フランスの大学で法学の博士号を取得するためには、ローマ法と現代ノフランス法の双方について博士論文を書かなければならないというルールになっていた。梅謙次郎は、和解契約について、ローマ法における歴史と(当時の)フランス法における問題について取り上げ、論じている。

サイズの合わない既製服

このように、明治日本が取り入れた近代西洋法は、主権国家が制定した法律という表面の下に、古代ローマにさかのぼる歴史的な前提が存在するという二重構造を持っていた。歴史的な前提の部分は、その時々の政治権力によって、恣意的に変えてしまうわけにはいかない。その意味で、近代法、特に民法は、議会が制定した「法律」であるだけではなく、社会の構成原理としての意味を持ってきたのである。このことが、近代法を受容した日本を、その後、長い期間にわたって悩ませることになる。表面的にフランスやドイツの民法典と同じような民法を作り、欧米諸国と同じような裁判制度を導入することはできたとしても、法の根底にある古代ローマ以来のヨーロッパの歴史や、そうした歴史をふまえた社会の構成原理は、日本にとっては異質なものだったからである。民法の制定から一世紀を経た一九九〇年代になっても、ある日本企業の法務部長経験者は、近代法は、日本の実務家にとって「サイズの合わない既製服のようなもの」だと表現した。

近代ヨーロッパで、民法が社会の構成原理であると言われるとき、その最も基本的な前提は、自律的な個人であったと言える。日本が明治時代に取り入れた近代法は、一八世紀から一九世紀のヨーロッパでその基本形が作られていったものであるが、身分社会から解放された個人を単位として組み立てられている。個人は、基本的に、自分自身の利害や置かれた状況を十分に把握し、自分の判断にもとづいて行動を選択する。つまり、第4章で使った言葉で言えば、「自律的な個人」であったわけである。このタテマエは、二〇世紀に入り、近代から現代へと近代から現代へと移行した社会の現実に合わせて修正されながら、維持されてきた。

ところが、現在、開発が進められているAIその他のデジタル技術は、まさに人間の自律的な判断という部分を、データにもとづく機械の判断に置き換えていく。デジタル技術の側からみれば、個人の意思と判断に常に立ち戻ることを要求する「法」の体系は、「サイズの合わない既製服」なのである。本書が記述しようとしてきた問題は、この「サイズが合わない」ために感じられる気持ちの悪さであったと言えるかもしれない。

欧州議会の「ロボット法」提案

デジタル技術の発展が、「法」の前提自体を掘り崩しつつあるとき、一つの対応方法として、「法」の体系を修正することが考えられる。実は、ヨーロッパでは、そのような動きの兆しもみられる。

議論の発端としては、欧州議会の中に、ロボット技術の発展について関心を持った議員グループがあったようである。EUの法令には、「レギュレーション（規則）」と「ディレクティヴ（指令）」という二つの形態があることは第2章で触れたが、欧州議会は、欧州理事会と共同でこれらの法令を採択する立法機関である（細かく言えば、EUにはこの手続とは違った特別の立法手続もある）。二〇一六年に、この欧州議会の中の議員グループのために報告書が作られたが、それを見ると、ロボットに独立の人格を与えるなどの制度を整備することが望ましく、その場合には、SF作家のアイザック・アシモフが提示した「ロボットの法」を適用することなどが検討されるべきだという意見があると書かれている。

アシモフの「ロボットの法」とは、『われはロボット』というSF小説の中で書かれているもので、次の三か条からなる。

第一条　ロボットは、人間を傷つけ、又は不作為によって人間が傷つく結果を生じさせてはならない。
第二条　ロボットは、人間が与えた命令に従わなければならない。ただし、その命令が第一条に反する場合はこの限りではない。
第三条　ロボットは、第一条及び第二条に反しない限りにおいて、自己の存在を守らなければならない。

ロボットの時代が到来したのでロボットに独立の人格を与える制度が必要だという議論は、やや素朴な誤解にもとづくものであったように思われる。ロボットといっても、現在、実用化に向けて開発が進められているものは、SF小説に書かれているような、人間の形をして、頭や手足を持つものとは限らない。介護サービスのためのロボットといっても、被介護者をサポートする器具あるいは装置にすぎない。投資判断をする「ロボット」の実態も、単なるコンピュータ端末であるか、汎用のパソコン上で運用されるコンピュータ・プログラムである。議論が進められるうちに、人間に似た形態をしているものは「人間」として扱うべきだといった単純な考え方は、さすがに消えていった。

ところが、高度なＡＩシステムに法人格を与えるというアイディア自体は、消えなかった。欧州議会は、二〇一七年になり、欧州委員会に対してＡＩに関する制度の整備をするように求める決議を採択したのである。その中では、「将来的には、高度な能力を持つＡＩについては独立の人格を付与するという法制も検討に値する」と述べられている。

この背景として、現在、開発が進められつつあるＡＩの中には、機械学習、とりわけ深層学習を取り入れたものが多いという事実がある。深層学習の場合、ＡＩが自動的にパターンを認識していくばかりでなく、表面からは観察できない隠れたパターン認識を形成していくため、システムを人間がコントロールすることは、ほとんど不可能であると思われる。コントロールできないものが発生させる結果について責任だけをとらされる制度は、合理的ではない。そこで、機械学習にもとづくＡＩシステムを、人間が使う「物」（客体）ではなく人間と並ぶ存在（主体）として位置づけ、主体としてのＡＩに責任を負わせるという考え方は、素朴な「ロボット法」の主張とは一線を画して、まじめな検討に値すると主張されるわけである。

「電子人」立法が実現した場合

現在、各国の法制度の下で「主体」としての地位を持つ存在は、人間（法律学では「自然人」

と呼ばれる）と、会社などの「法人」である。「法人」（juristic person）は、法的には自然人（natural person）と同じように扱われるが、物理的な肉体や手足を持っているわけではなく、完全に概念上の存在である。それが許されるのであれば、高度なＡＩを、概念上の主体として扱われる「電子人」（electronic person）とみなす制度があってもおかしくはない。この「電子人」については、自己が引き起こす損害に対しては過失の有無を問題とすることなく賠償責任を負うという無過失責任の制度が必要だとする考え方も強い。さらに、その賠償資力の担保として、電子人は責任保険を義務づけられるとすれば、被害者の救済にもなりそうである。

似たような議論として、環境保護団体などが、絶滅の危機に瀕した動物などを自然人と同じ「権利の主体」と位置づけて環境訴訟を提起する事例が世界各国にあり、日本でも、アマミノクロウサギを原告とした訴訟が現実に提起されている。その訴訟では、裁判所は、日本の法制度上、動物には訴訟の原告となる資格がないと述べて、訴えを却下した（鹿児島地裁平成一三年一月二二日判決）。アマミノクロウサギと機械学習により能力を高度化したＡＩを比較すれば、知的能力はＡＩの方が高いであろうから、ＡＩを「電子人」とする考え方も荒唐無稽とは言えないなどと指摘されている。

ＥＵは、将来、高度なＡＩを「電子人」とする制度を本当に導入するかもしれない。しかし、仮にそうなったとしても、制度はうまく機能しないであろう。その理由は、日本やアメリカなど、他の主要国がこの考え方に消極的だからである。会社などの「法人」の場合も、どのような条件を満たしていれば独立の主体として受け入れられるかという問題は、法律上の決めごとであり、国境を越えると、それが相手国でも認められるかどうかという問題になる。日本の場合は、民法の中で、「国、国の行政区画及び外国会社」だけが認許されると規定されている(民法三五条)。つまり、EUが域内で「電子人」の制度を設けても、それが「外国会社」ではない以上(もちろん、国や州などの行政区画でもないので)、日本では認められないのである。

ところが、AIシステムは、優れていればいるほど、国境を越えて輸出される。特に、「モノ」ではなくサービスとして提供されるシステムは、ネットワークを介して世界中で利用されることを目指すであろう。そのような中、EUだけで独自の「電子人」制度を導入しても、効果はほとんど期待できない。むしろ、無過失責任や保険の義務づけなどの制度が負担になり、EU域内の企業にとっては、他国と比較した競争条件が不利になるというデメリットだけが生まれるという可能性が高い。

高度なAIに「電子人」としての法人格を与えてみても、社会を構成する個人の自律的な判断が機械(AI)によって置き換えられていくこと自体には歯止めがかけられない。問題は、日常生活や経済活動にデジタル技術が進出してくる中で、「法」の前提が変化しつつあるところにあるのであって、法の体系自体を修正することでそれに対応しようとしても、意味があるようには思われない。だから、この提案は、構想倒れに終わる可能性が大きいと思われる。

2　社会を守るガバナンス

日本企業とAI開発の適性

ＡＩなどのデジタル技術に関して、日本は後れを取っているのではないかと言われることは少なくない。それは、アメリカや中国が開発競争の先頭を走り、豊富なデータをＡＩに学習させてシステムの高度化を進める中で、日本は、デジタル技術への投資が不十分である上にプライバシーに敏感な消費者への配慮もあって、技術開発競争に遅れつつあるのではないかという懸念である。経済産業省に設置された「デジタルトランスフォーメーションに向けた研究会」でも、日本企業の多くは、デジタル技術をビジネスモデルの変革へと結びつけること（それが「デジタルトランスフォーメーション（ＤＸ）」である）ができずにおり、かえって、過去に導入した情報通信（ＩＴ）システムが成長の足かせになっていると指摘された。この研究会の報告書は、

「二〇二五年の崖」というショッキングな言葉を使って、二〇二五年頃までには過去のシステムが限界を迎え、それを放置していた企業は深刻な問題に直面すると警告している。

ところが、二〇一九年の三月に、一橋大学で「テクノロジーの進化とリーガルイノベーション」というシンポジウムが開催された際に、イギリスのケンブリッジ大学から来日したサイモン・ディーキン教授が興味深い発言をした。ディーキン教授は、日本企業のコーポレートガバナンスについて研究してきた専門家であるが、その立場から、「日本のコーポレートガバナンスは、ＡＩなどの開発に適性を持っているのではないか」と発言したのである。

図6-1　サイモン・ディーキン教授（提供：同教授）

イギリスの実証研究によれば、株主の利益を過剰に強調するコーポレートガバナンスは、従業員からイノベーションのために時間と労力をかけようとする意欲を奪ってしまうため、必ずしも技術革新に適合的ではない。ＡＩなどの開発の場合、デジタル技術がビジネスとして意味のある形で実用化されていくためには、従業員が蓄えてきた勘や経験などを言語化してデジタルに置き換えていく必要があるから（第5章で法の執行をコンピュータ化する際の課題について述べたことが思い出される）、このことはとりわけ大きな問題になる。さらに、目先の株主利益を大きくしようとする企業は、新しいテクノロジーが社会に生み出す新たなリスクに対して鈍感になるおそれもある。こうしたことを考えると、株主だけではなく従業員の利害にも配慮し、さらに、社会とのつながりをも意識して経営するという日本企業のスタイルは、技術革新の時代にはむしろ適しているのではないか、とディーキン教授は論じていた。

日本のコーポレートガバナンス

この発言の真意を理解するために、少し回り道をして、コーポレートガバナンスについて考えておこう。「コーポレートガバナンス」を抽象的に説明すれば、会社がよりよく経営されるためには、誰に、どのような位置づけを与えるとよいかという問題であると言える。「よい」会社経営とは何を意味するのかは、それ自体が重要な論点であり、この観点から、「会社は誰のものか」という表現でコーポレートガバナンスが説明されることもある。しかし、コーポレートガバナンスとして議論される内容は、そうした価値観や考え方の問題だけではなく、関係者が「よい」とされる行動をとるような仕組みの実現も重要な課題である。そこでいう仕組みとしては、一定の行為を義務づけたり禁止したりするルールだけではなく、一定の行為をすれば利益や報酬が得られるような工夫も考えられる。「位置づけを与える」というあいまいな表現をあえて使ったのは、そのためである。

会社に関しては、会社法や金融商品取引法などの法律が存在するが、コーポレートガバナンスは、そうした法制度の問題に尽きるわけではない。役員報酬の一部を会社の業績に連動させるかどうかなど制度の運用が問題になる場合もあり、さらには、新卒一括採用や終身雇用といった法律上には根拠のない慣行も、重要な意味を持つ。法だけではなく、その周囲にある実務や慣行、そしてその背後にある考え方などの総体が「ガバナンス」であると言ってよいであろう。

日本の大企業のコーポレートガバナンスについては、株主の利益だけを強調するのではなく、従業員や取引先、地域社会などの利害関係者（ステークホルダー）にも配慮する点に特徴があると言われてきた。そのようなコーポレートガバナンスは、一九八〇年代には日本経済の強みとして称賛されたが、その後は、日本経済が低迷する中で、株主利益が十分に顧みられない点に日本企業の課題があると言われるようになった。二〇一〇年代に入ると、海外の投資家を日本の証券市場に呼び込む目的もあり、企業価値を増大させるための「攻めのコーポレートガバナンス」が強調されている。過去二〇～三〇年を振り返ってみると、日本のコーポレートガバナンスは、株主利益を重視する方向に大きく舵を切ってきたと言える。

それでも、日本では、たとえば上場企業の経営者などにインタビューすると、株主の利益だけを考えて会社経営を行うべきではないという考え方が広く抱かれている。そして、実際に、日本企業が経営方針を大きく変えたり、工場などを縮小したりするときには、従業員や地元の関係者に対して丁寧に説明し、納得してもらおうとすることが多い。そうした丁寧な説明は、ほとんどの場合、法律によって義務づけられているわけではない。法的には義務がなくとも、ステークホルダーの理解を得て、納得してもらうことが必要であると、日本の多くの経営者は考えているわけである。

権利・義務とは別にある規範

日本のコーポレートガバナンスについて、株主利益だけではなくステークホルダーの利益にも配慮するという先に述べた点（実際には、従業員の利益はそれほど配慮されていないのではないかという議論もある）とは別に、ここでは、法律上の義務ではなくとも、説明や納得が必要であると考えられているという点に注目したい。その理由は、ヨーロッパの歴史に由来する「法」の特徴は、人と人の関係を「権利」と「義務」によって表現するという点にあるからである。

本章の第1節で、日本が学んだ近代法の根底には、古代ローマにまでさかのぼるヨーロッパの「法」という歴史があると述べた。その特徴は、単純化して言えば、社会の中の人間関係を「Aという人がBという人に対して、XYZという権利を持つ」という形で表すところにある。これは、反対の側から見れば「BはAに対して、XYZという義務を負う」ということであり、また、「AはBに対して、XYZには含まれないWということは要求できない」という意味をも含んでいる。そのような「権利」と「義務」がいわば網の目のように、人(近代以降は「自律的な個人」)の間の相互関係を形成する社会こそが、法を構成原理とするヨーロッパ社会の伝統であった。

「権利」と「義務」によって人間関係を規律するためには、権利の内容が明確に書けなければならない。「AがBに対して持つ権利には、XYZが含まれ、Wは含まれない」と言えれば、権利の内容は明確である。そのような前提があると、訴訟によって権利が主張された場合に、裁判官は、法にもとづいて、「AはBにXを請求できる」とか、「BにWを求めるAの請求は認められない」といった判断をすることが可能になる。たとえば、従業員(労働者)を解雇する前に交渉を行う義務が存在するのであれば、従業員(労働者)の側には、交渉の実施を求める権利があり、それを法的に請求することができる。

ところが、義務ではないが、「丁寧な説明」によって「納得」してもらう必要があるという考え方は、いわば一方的な負担にすぎない。法的な義務ではないので、説明を受ける側から、「自分が納得するまで説明せよ」と求めることはできない。義務ではないにもかかわらず、説明をしなければならないと一方的に考える理由は、それが社会の中で当然の務めであるといった道徳的な信念にもとづく場合もあれば、将来的な人間関係や企業の社会的な評判にマイナスの影響が出ないようにするためなどの打算的な判断による場合もあろう。どちらにせよ、重要な点は、日本のコーポレートガバナンスに、「権利」と「義務」の体系とは違った規範が含まれているという事実である。

デジタル技術による変革と法の限界

これまで本書では、AIをはじめとするデジタル技術が社会に大きな変革をもたらし、法の体系に難しい問題を提起することを見てきた。第2章で説明したように、デジタル技術の発達により、モノの取引よりも無形のサービスの取引が大きな意味を持つようになっている。形を持ったモノが存在していると、それを持っている人の力が及ぶ範囲も明確になるから、モノがかかわる取引は、「権利」と「義務」の内容を明確に記述するという「法」の考え方となじみやすい。これに対して、形のないサービスの取引に関しては、誰にどのような権利が成立するかが、不明確になりがちである。取引上は重要な点であっても、法的には、サービス取引の「権利」「義務」の内容として記述できないということも考えられる。

第3章では、取引の主要な対象が財物からデータになるという変化を取り上げた。そして、データの収集は、しばしば機械的な通信の結果として行われるために、法的な主体の「権利」や「義務」によってはとらえきれないということも指摘した。EUのように個人を「データ主体」と位置づける方法は、データの取引を「法」の論理によって規律しようとする試みであるとも言える。それでも、家族内のプライバシーのように、そこからこぼれ落ちる問題が生じることを否定できない。

そして、第4章では、そもそも法や契約ではなく、個人の意思を介在しない技術的な「コード」(アーキテクチャ)によってルールが定められていくという状況を指摘した。それが、個人の自律的な意思という近代法のタテマエと適合的でないことは、すでに本章の第1節で述べたが、こうしてみると、「契約からコードへ」という変化だけではなく、「物からサービスへ」「財物からデータへ」という変化も含めたすべての変化が、人間関係を「権利」と「義務」によって表現しようとする「法」の体系との間に不整合をひき起こしつつあると言ってよい。AIが法を変えるというよりも、近い将来にＡＩが法を超えてしまうのではないかとすら思われるのである。

ＡＩ時代のガバナンスと日本の役割

デジタル技術と「法」の体系が適合的ではないからといって、その状態をそのまま放置しておくわけにはいかない。第5章でも見たように、データと「コード」によってプラットフォームが巨大な力を持つようになっており、個人の利益などはどこかに見失われてしまい勢いである。他方で、デジタルの時代にも国家は警察力や軍事力を持ち、いざとなれば、巨大プラットフォームを含めて民間の活動に介入する。二つの大きな力のはざまで、人は、不安を抱いたまま立ちすくむことにもなりかねない。

そこで、「法」による規律の周囲にあって、社会の仕組み自体を規律するガバナンスが重要になる。先にコーポレートガバナンスについて述べたが、ここでいうガバナンスは、社会全体のガバナンスである。技術の開発がどれほど進んでも、その成果が社会に受け入れられなければ意味がない。さまざまな利害関係者（ステークホルダー）の立場に注意を払い、人々が新しい技術を受け入れやすい前提を作っていくというガバナンスの確立は、一見すると、時間がかかりスピードが遅いように見えるけれども、実は、技術の発展に対して大きなプラスの効果を持つのである。ヨーロッパ（EU）でも、「信頼されるAIのための倫理ガイドライン」という形で（第4章第1節）、法だけではなく「倫理」の規範を確立しようとしており、こうした方向は、世界的にも広がっている。

そのような中で、やや意外かもしれないが、日本が果たす役割は大きなものになる可能性がある。日本は、近代法を「サイズの合わない既製服」のように感じながら、それでも、近代法によって規律される社会を理想として追求してきたという経験を持っているからである。「法」の存在がいわば当たり前であったヨーロッパ諸国とは違い、日本は、つねに法の体系と現実社会のズレを意識しながら、それを埋めようと努力してきた。日本企業のコーポレートガバナンスは、法的な権利や義務の周囲に実務や慣行、運用などを発達させることで、そうしたズレを埋めようとした結果であったとも考えられる。そのような意味で、利害関係者や社会とのつながりを大切にする日本のコーポレートガバナンスがAIやデジタル技術の時代に適合的な面を持っているとすれば、AIと「法」の関係について自覚的に考え、「法」の限界を意識しつつAIのよりよいガバナンスを模索していくことは、日本にこそふさわしい役割であると言えるであろう。

参考文献

ＡＩやデータ社会の法的問題に関する文献と、本書の各章で述べた内容に直接関係する文献とを掲げる。日本語の書籍・論文を中心とし、英語文献は、執筆にあたって直接に参考としたものに限定した。

本書全般に関係するもの

角田美穂子＝工藤俊亮編著『ロボットと生きる社会──法はＡＩとどう付き合う？』弘文堂、二〇一八
ウゴ・パガロ（新保史生監訳）『ロボット法』勁草書房、二〇一八
平野晋『ロボット法──ＡＩとヒトの共生に向けて』弘文堂、二〇一九
福田雅樹＝林秀弥＝成原慧編著『ＡＩがつなげる社会──ＡＩネットワーク時代の法・政策』弘文堂、二〇一七
山本龍彦編著『ＡＩと憲法』日本経済新聞出版社、二〇一八
弥永真生＝宍戸常寿編『ロボット・ＡＩと法』有斐閣、二〇一八
Ryan Calo, A. Michael Froomkin and Ian Kerr (eds.), *Robot Law*, Edward Elgar, 2016
Microsoft, *The Future Computed: Artificial Intelligence and its Role in Society*, Microsoft Corporation, 2018
小塚荘一郎＝藤澤尚江＝後藤元＝森亮二「座談会『自動運転の、その先』と法律論」ＮＢＬ一一三五号四頁、

二〇一八
宍戸常寿＝大屋雄裕＝小塚荘一郎＝佐藤一郎「テクノロジーと法の対話」論究ジュリスト二五号九四頁、二〇一八
宍戸常寿＝大屋雄裕＝小塚荘一郎＝佐藤一郎＝生貝直人＝市川芳治「データの流通取引――主体と利活用」論究ジュリスト二六号一一四頁、二〇一八
宍戸常寿＝大屋雄裕＝小塚荘一郎＝佐藤一郎＝岡田仁志＝西内康人「契約と取引の未来――スマートコントラクトとブロックチェーン」論究ジュリスト二七号一五二頁、二〇一八
宍戸常寿＝大屋雄裕＝小塚荘一郎＝佐藤一郎＝江崎禎英＝寺本振透「医療支援」論究ジュリスト二八号一一〇頁、二〇一九
宍戸常寿＝大屋雄裕＝小塚荘一郎＝佐藤一郎＝橋本佳幸＝森田果「専門家責任」論究ジュリスト二九号一二八頁、二〇一九
宍戸常寿＝大屋雄裕＝小塚荘一郎＝佐藤一郎＝奥邨弘司＝羽賀由利子「著作権」論究ジュリスト三〇号一三八頁、二〇一九

第1章関係

Nick Bostrom, *Superintelligence: Paths, Dangers, Strategies*, Oxford University Press, 2014
鈴木達也「第3次ブームを迎えたＡＩの現状及び今後」立法と調査四〇五号一八頁、二〇一八
西田豊明「人工知能の歩み――第3次ＡＩブーム」『ブリタニカ国際年鑑二〇一七』一二七頁、二〇一七

西田豊明「スキーマ・マシンとしての人工知能のインパクト」情報管理六〇巻五号三三九頁、二〇一七
古川康一「第五世代コンピュータのプロジェクト運営と人工知能の未来」人工知能二九巻二号一五九頁、二〇一四
Philippa Foot, 'The Problem of Abortion and the Doctrine of Double Effect', in: *Virtues and Vices and Other Essays in Moral Philosophy*, p. 19, Clarendon Press, 2002

第2章関係

鶴原吉郎『EVと自動運転』岩波新書、二〇一八
藤田友敬編『自動運転と法』有斐閣、二〇一八
鎌野邦樹「民泊をめぐる法的課題――住宅宿泊事業法施行後の私法上の論点」ジュリスト一五二六号七六頁、二〇一八
谷口和寛「住宅宿泊事業法(平成二九年法律第六五号)の解説」NBL一一一二号二〇頁、二〇一七
「紙&電子コミック市場二〇一八」出版月報二〇一九年二月号四頁

第3章関係

大澤幸生編著、早矢仕晃章＝秋元正博＝久代紀之＝中村潤＝寺本正彦『データ市場――データを活かすイノベーションゲーム』近代科学社、二〇一七
宮下紘『EU一般データ保護規則』勁草書房、二〇一八

牛窪賢一「インシュアテックの進展――P2P保険の事例を中心に」損保総研レポート一二四号一頁、二〇一八
金奈穂「保険業務におけるＡＩの活用――活用事例とリスクへの対応を中心に」損保総研レポート一二三号四七頁、二〇一八
宮下紘「ビッグデータの光と影」時の法令一九三七号三八頁、二〇一三
山本龍彦「ビッグデータ社会とプロファイリング」論究ジュリスト一八号三四頁、二〇一六
山本龍彦「ＧＰＳ捜査違法判決というアポリア？」論究ジュリスト二二号一四八頁、二〇一七
米村滋人「個人情報の取得・第三者提供に関する『同意』の私法的性質」河上正二＝大澤彩編『廣瀬久和先生古稀記念・人間の尊厳と法の役割』三二一頁、信山社、二〇一八
Suicaに関するデータの社外への提供についての有識者会議「Suicaに関するデータの社外への提供について中間とりまとめ」二〇一四

第4章関係

翁百合＝柳川範之＝岩下直行編著『ブロックチェーンの未来――金融・産業・社会はどう変わるのか』日本経済新聞出版社、二〇一七
キャス・サンスティーン（伊達尚美訳）『選択しないという選択――ビッグデータで変わる「自由」のかたち』勁草書房、二〇一七
アーヴィンド・ナラヤナン＝ジョセフ・ボノー＝エドワード・W・フェルテン＝アンドリュー・ミラー＝スティーヴン・ゴールドフェダー（長尾高弘訳）『仮想通貨の教科書――ビットコインなどの仮想通貨が機能する

仕組み』日経ＢＰ社、二〇一六
ビットバンク株式会社＝『ブロックチェーンの衝撃』編集委員会（馬渕邦美監修）『ブロックチェーンの衝撃――ビットコイン、ＦｉｎＴｅｃｈからＩｏＴまで社会構造を覆す破壊的技術』日経ＢＰ社、二〇一六
松尾陽編『アーキテクチャと法――法学のアーキテクチュアルな転回？』弘文堂、二〇一七
ローレンス・レッシグ（山形浩生＝柏木亮二訳）『ＣＯＤＥ――インターネットの合法・違法・プライバシー』翔泳社、二〇〇一
Robert M. March, *The Japanese Negotiator: Subtlety and Strategy Beyond Western Logic*, Kodansha International, 1988
岩下直行＝上原高志＝沖田貴史＝佐々木清隆＝岩倉正和「座談会 仮想通貨・ＩＣＯをめぐる法規制」Law & Technology 八〇号一頁、二〇一八
柏木亮二「信用のプラットフォーム『芝麻信用』」金融ＩＴフォーカス二〇一七年一〇月号一四頁、二〇一七
加藤雅信＝太田勝造「契約環境の変化と契約遵守――事例研究を中心に」ジュリスト一〇九六号四一頁、一九九六
加毛明「仮想通貨の私法上の法的性質――ビットコインのプログラム・コードとその法的評価」金融法務研究会『仮想通貨に関する私法上・監督法上の諸問題の検討』一頁、全国銀行協会、二〇一九
小出篤「『分散型台帳』の法的問題・序論――『ブロックチェーン』を契機として」黒沼悦郎＝藤田友敬編『企業法の進路――江頭憲治郎先生古稀記念』八二七頁、有斐閣、二〇一七
斉藤賢爾「ビットコインというシステム」法とコンピュータ三三号二一頁、二〇一五

ベロニカ・L．テイラー「オーストラリアから見た『日本法』」時の法令一四九九号六九頁、一九九五
ベロニカ・L．テイラー「継続的契約と頑固な神話的通念」時の法令一五〇一号七六頁、一九九五
ベロニカ・テーラー「日本人の契約意識――オーストラリアからの観察」ジュリスト一〇九六号七一頁、一九九六
成原慧「パーソナルデータとアーキテクチャの関係をめぐる試論――プライバシー・ナッジとプライバシー・バイ・デザインを題材にして」NBL一一〇〇号九頁、二〇一七
山谷剛史「中国信用社会に向けたネットの取り組み――芝麻信用の信用スコアが消費行動を変えた⁉」KDDI総合研究所R&A二〇一八年九月号一頁
湯淺墾道「理念・原理・制度とサイバーセキュリティ法制――選挙を中心に」情報通信政策研究二巻一号七三頁、二〇一八

第5章関係

岡田仁志＝高橋郁夫＝山﨑重一郎『仮想通貨――技術・法律・制度』東洋経済新報社、二〇一五
スコット・ギャロウェイ（渡会圭子訳）『the four GAFA　四騎士が創り変えた世界』東洋経済新報社、二〇一八
大屋雄裕「個人信用スコアの社会的意義」情報通信政策研究二巻二号一五頁、二〇一九
小塚荘一郎「デジタル・コンテンツ法制を論ずる視点」財団法人知的財産研究所（編）『デジタル・コンテンツ法のパラダイム』一三頁、二〇〇八

小塚荘一郎「プロバイダ責任制限法ガイドラインによる規範形成——森田報告に対するコメント」ソフトロー研究一二号一〇三頁、二〇〇八

原田久義「海外のデータの合法的使用を明確化する法律——クラウド法」外国の立法二七八号四頁、二〇一九

Lisa Shay, Woodrow Hartzog, John Nelson and Gregory Conti, 'Do robots dream of electric laws? An experiment in the law as algorithm', in: Ryan Calo, A. Michael Froomkin and Ian Kerr (eds.), *Robot Law*, p. 274, Edward Elgar, 2016

Sebastian Heilmann, 'Leninism Upgraded: Xi Jinping's Authoritarian Innovations', *China Economic Quarterly* 20 (4), p. 15, 2016

第6章関係

アイザック・アシモフ（小尾芙佐訳）『われはロボット〔決定版〕』ハヤカワ文庫、二〇〇四

木庭顕『誰のために法は生まれた』朝日出版社、二〇一八

Visa A. J. Kurki and Tomasz Pietrzykowski (eds.), *Legal Personhood: Animals, Artificial Intelligence and the Unborn*, Springer, 2017

石井紫郎＝伊藤元重＝内田貴＝江頭憲治郎＝柏木昇＝舟田正之「日本の取引と契約法」ＮＢＬ五〇〇号一六頁、同五〇一号一六頁、一九九二

大屋雄裕「外なる他者・内なる他者——動物とＡＩの権利」論究ジュリスト二二号四八頁、二〇一七

ベアトリス・ジャリュゾ（小塚荘一郎訳）「世紀末の卓抜した日本人留学生——一八八〇年代のリヨン大学法学

部における梅謙次郎」東洋文化研究一五号（学習院大学東洋文化研究所）一四九頁、二〇一三
サイモン・ディーキン「コーポレートガバナンスと企業のデジタル変革」ＮＢＬ一一五三号四一頁、二〇一九

政府・国際機関などの文書

『科学技術基本計画』閣議決定平成二八（二〇一六）年一月二二日
ＡＩネットワーク社会推進会議『国際的な議論のためのＡＩ開発ガイドライン案』二〇一七
ＡＩネットワーク社会推進会議『ＡＩ利活用ガイドライン――ＡＩ利活用のためのプラクティカルリファレンス』二〇一九
高度情報通信ネットワーク社会推進戦略本部・官民データ活用推進戦略会議『自動運転に係る制度整備大綱』二〇一八
国土交通省自動車局『自動運転における損害賠償責任に関する研究会報告書』二〇一八
情報信託機能の認定スキームの在り方に関する検討会『情報信託機能の認定に係る指針ver1.0』二〇一八
情報通信審議会『「ＩｏＴ／ビッグデータ時代に向けた新たな情報通信政策の在り方」第四次中間答申』二〇一七
データ流通環境整備検討会『ＡＩ、ＩｏＴ時代におけるデータ活用ワーキンググループ　中間とりまとめ』二〇一七
統合イノベーション戦略推進会議『人間中心のＡＩ社会原則』二〇一九
OECD, Recommendation of the Council on Artificial Intelligence, 2019

あとがき

本書を執筆しながら、自分にはこれを書く資格があるのかと、何度も自問していた。情報通信にかかわる法律問題には早くから関心を抱いてきたつもりであり、自動運転や仮想通貨など、自分の専門分野に属する問題には論文も書いてきた。それでも、AIの時代に法が直面する変革は広範囲に及び、関係する法分野は多岐にわたる。AIと法に関する類書のほとんどが、専門の異なる複数の著者の共著として書かれている中で、「AIの時代と法」を俯瞰する書籍を単著として書くことは、あまりにも無謀な冒険であるように見えた。

しかし同時に、大きすぎるように見える課題であればこそ、自分なりの切り口で分析し、新しい視点を提示したいという思いも、次第に強くなっていった。筆者は、商法・会社法を専門としつつも、国際組織による統一条約作成に触れたり、また日本法を専攻する海外の研究者たちと交流したりする中で、「日本社会にとっての法」について、長い法の歴史を持つヨーロッパと対比して考えることが多かった。そのような関心から、アジアやアフリカなど、非ヨーロッパ世界の法について小論を書いたこともある。日本にとって、ヨーロッパ由来の「法」は、常に違和感や摩擦がありながら、それでも受け入れていった社会の仕組みであったが、それと同じ違和感や摩擦を、「法」の歴史的な前提とは違った仕組みにもとづいているＡＩやデータの関係者も感じているのではないかという着想を得たときに、ＡＩの時代に向けた新しい法のあり方について、法の基礎的な前提に立ち戻って統一的に分析するという本書の枠組が生まれたのである。

ところで、ＡＩの開発やデータのビジネス利用について、日本は遅れているのではないかと言われることもある。しかし、本書では、むしろそうした動きを受け止め、社会と調和させながら根づかせていく上で、日本こそが知見を持っているのではないかと指摘した。これに対しては、楽観的にすぎるという批判があるかもしれないが、本来は異質な存在であったヨーロッパ由来の「法」を社会の中に定着させてきた経験に照らして、この可能性は現実に大きいと考えている。もっとも、そのためには、ＡＩやデータをめぐって、何が、どのような点で法の前提と異質なのかを深く掘り下げて考えることが必要であろう。本書は、深い考察とはとても言えず、まったく不十分なものであるが、そうした試みの第一歩として認めていただければ幸いである。

執筆の過程で、本書の最初の原稿を、筆者の演習(商法ゼミ)に所属する学習院大学法学部の学生の有志に読んでいただいた。安藤千尋さん、稲村颯人さん、梅垣緑さん、川島拓巳さん、白戸愛さん、妹尾美奈さん、野尻紗也香さん、堀由昇さん、横山優里さん(五十音順)の皆さんである。全員が、誤字や誤解の指摘から、わかりにくい記述や掘り下げの足りない点の改善案まで、数多くのありがたい指摘をしてくださった。それを受け止めきれたかどうかは心許ない点もあり、記述に間違いなどが残っていれば筆者の責任であることは言うまでもないが、この九名の皆さんには、心からありがとうと伝えたい。

資料や原稿の整理などは、他の書籍の場合と同様に、小塚研究室の藤原もと子氏に作業していただき、また、岩波書店編集部の伊藤耕太郎氏は、窮屈な日程の中で編集に尽力してくださった。お二人にも、厚く御礼申し上げる。

二〇一九年一〇月

小塚荘一郎

小塚荘一郎

学習院大学教授．博士(法学)．

1992年東京大学法学部卒業．千葉大学法経学部助教授，上智大学法科大学院教授などを経て現職．

総務省AIネットワーク社会推進会議構成員，経済産業省消費経済審議会委員，経済産業省産業構造審議会臨時委員．

主要著書として，『フランチャイズ契約論』(有斐閣)，『支払決済法──手形小切手から電子マネーまで［第3版］』(森田果教授と共著，商事法務)，『宇宙ビジネスのための宇宙法入門［第2版］』(佐藤雅彦氏と共編著，有斐閣)．

AIの時代と法　　岩波新書(新赤版)1809

2019年11月20日　第1刷発行
2024年 9 月13日　第5刷発行

著　者　小塚荘一郎《こづかそういちろう》

発行者　坂本政謙

発行所　株式会社 岩波書店
〒101-8002 東京都千代田区一ツ橋2-5-5
案内 03-5210-4000　営業部 03-5210-4111
https://www.iwanami.co.jp/

新書編集部 03-5210-4054
https://www.iwanami.co.jp/sin/

印刷製本・法令印刷　カバー・半七印刷

ISBN 978-4-00-431809-5　　Printed in Japan

岩波新書新赤版一〇〇〇点に際して

ひとつの時代が終わったと言われて久しい。だが、その先にいかなる時代を展望するのか、私たちはその輪郭すら描きえていない。二〇世紀から持ち越した課題の多くは、未だ解決の緒を見つけることのできないままであり、二一世紀が新たに招きよせた問題も少なくない。グローバル資本主義の浸透、憎悪の連鎖、暴力の応酬――世界は混沌として深い不安の只中にある。

現代社会においては変化が常態となり、速さと新しさに絶対的な価値が与えられた。消費社会の深化と情報技術の革命は、種々の境界を無くし、人々の生活やコミュニケーションの様式を根底から変容させてきた。ライフスタイルは多様化し、一面では個人の生き方をそれぞれが選びとる時代が始まっている。同時に、新たな格差が生まれ、様々な次元での亀裂や分断が深まっている。社会や歴史に対する意識が揺らぎ、普遍的な理念に対する根本的な懐疑や、現実を変えることへの無力感がひそかに根を張りつつある。そして生きることに誰もが困難を覚える時代が到来している。

しかし、日常生活のそれぞれの場で、自由と民主主義を獲得し実践することを通じて、私たち自身がそうした閉塞を乗り超え、希望の時代の幕開けを告げてゆくことは不可能ではあるまい。そのために、いま求められていること――それは、個と個の間で開かれた対話を積み重ねながら、人間らしく生きることの条件について一人ひとりが粘り強く思考することではないか。その営みの糧となるものが、教養に外ならないと私たちは考える。歴史とは何か、よく生きるとはいかなることか、世界そして人間はどこへ向かうべきなのか――こうした根源的な問いとの格闘が、文化と知の厚みを作り出し、個人と社会を支える基盤としての教養となった。まさにそのような教養への道案内こそ、岩波新書が創刊以来、追求してきたことである。

岩波新書は、日中戦争下の一九三八年一一月に赤版として創刊された。創刊の辞は、道義の精神に則らない日本の行動を憂慮し、批判的精神と良心的行動の欠如を戒めつつ、現代人の現代的教養を刊行の目的とする、と謳っている。以後、青版、黄版、新赤版と装いを改めながら、合計二五〇〇点余りを世に問うてきた。そして、いままた新赤版が一〇〇〇点を迎えたのを機に、人間の理性と良心への信頼を再確認し、それに裏打ちされた文化を培っていく決意を込めて、新しい装丁のもとに再出発したいと思う。一冊一冊から吹き出す新風が一人でも多くの読者の許に届くこと、そして希望ある時代への想像力を豊かにかき立てることを切に願う。

（二〇〇六年四月）

岩波新書より

社会

女性不況サバイバル　竹信三恵子
パリの音楽サロン　青柳いづみこ
持続可能な発展の話　宮永健太郎
皮革とブランド　変化するファッション倫理　西村祐子
動物がくれる力　教育、福祉、そして人生　大塚敦子
政治と宗教　島薗進編
超デジタル世界　西垣通
現代カタストロフ論　金子勝・児玉龍彦
「移民国家」としての日本　宮島喬
迫りくる核リスク　〈核抑止〉を解体する　吉田文彦
記者がひもとく「少年」事件史　川名壮志
中国のデジタルイノベーション　小池政就
これからの住まい　川崎直宏
検察審査会　デイビッド・T・ジョンソン・平山真理・福来寛

ドキュメント〈アメリカ世〉の沖縄　宮城修
東京大空襲の戦後史　栗原俊雄
土地は誰のものか　五十嵐敬喜
民俗学入門　菊地暁
企業と経済を読み解く小説50　佐高信
視覚化する味覚　久野愛
ロボットと人間　人とは何か　石黒浩
ジョブ型雇用社会とは何か　濱口桂一郎
法医学者の使命　「人の死を生かす」ために　吉田謙一
異文化コミュニケーション学　鳥飼玖美子
モダン語の世界へ　山室信一
時代を撃つノンフィクション100　佐高信
労働組合とは何か　木下武男
プライバシーという権利　宮下紘
地域衰退　宮﨑雅人
江戸問答　田中優子・松岡正剛

広島平和記念資料館は問いかける　志賀賢治
コロナ後の世界を生きる　村上陽一郎編
リスクの正体　神里達博
紫外線の社会史　金凡性
「勤労青年」の教養文化史　福間良明
5G　次世代移動通信規格の可能性　森川博之
客室乗務員の誕生　山口誠
「孤独な育児」のない社会へ　榊原智子
放送の自由　川端和治
社会保障再考　〈地域〉で支える　菊池馨実
生きのびるマンション　山岡淳一郎
虐待死　なぜ起きるのか、どう防ぐか　川崎二三彦
平成時代◆　吉見俊哉
バブル経済事件の深層　奥山俊宏・村山治
日本をどのような国にするか　丹羽宇一郎
なぜ働き続けられない？　社会と自分の力学　鹿嶋敬
物流危機は終わらない　首藤若菜

(2023.7)　◆は品切，電子書籍版あり．(D1)

岩波新書より

- 認知症フレンドリー社会　徳田雄人
- アナキズム　一丸となってバラバラに生きろ　栗原康
- まちづくり都市 金沢　山出保
- 総介護社会　小竹雅子
- 賢い患者　山口育子
- 住まいで「老活」　安楽玲子
- 現代社会はどこに向かうか　見田宗介
- EVと自動運転　クルマをどう変えるか　鶴原吉郎
- ルポ 保育格差◆　小林美希
- 棋士とAI　王銘琬
- 科学者と軍事研究　池内了
- 原子力規制委員会　新藤宗幸
- 東電原発裁判　添田孝史
- 日本問答　田中優子・松岡正剛
- 日本の無戸籍者　井戸まさえ
- 〈ひとり死〉時代のお葬式とお墓　小谷みどり
- 町を住みこなす　大月敏雄

- 歩く、見る、聞く 人びとの自然再生　宮内泰介
- 対話する社会へ　暉峻淑子
- 悩みいろいろ　金子勝
- 魚と日本人　食と職の経済学　濱田武士
- ルポ 貧困女子　飯島裕子
- 鳥獣害　動物たちと、どう向きあうか　祖田修
- 科学者と戦争　池内了
- 新しい幸福論　橘木俊詔
- ブラックバイト　学生が危ない　今野晴貴
- 原発プロパガンダ　本間龍
- ルポ 母子避難　吉田千亜
- 日本にとって沖縄とは何か　新崎盛暉
- 日本病　長期衰退のダイナミクス◆　金子勝・児玉龍彦
- 雇用身分社会　森岡孝二
- 生命保険とのつき合い方◆　出口治明
- ルポ にっぽんのごみ　杉本裕明
- 鈴木さんにも分かるネットの未来　川上量生

- 地域に希望あり◆　大江正章
- 世論調査とは何だろうか◆　岩本裕
- フォト・ストーリー 沖縄の70年　石川文洋
- ルポ 保育崩壊　小林美希
- 多数決を疑う　社会的選択理論とは何か　坂井豊貴
- アホウドリを追った日本人　平岡昭利
- 朝鮮と日本に生きる　金時鐘
- 被災弱者　岡田広行
- 農山村は消滅しない　小田切徳美
- 復興〈災害〉　塩崎賢明
- 「働くこと」を問い直す　山崎憲
- 原発と大津波 警告を葬った人々　添田孝史
- 縮小都市の挑戦　矢作弘
- 福島原発事故 被災者支援政策の欺瞞　日野行介
- 日本の年金◆　駒村康平
- 食と農でつなぐ　福島から◆　塩谷弘康・岩崎由美子
- 過労自殺〔第二版〕◆　川人博

岩波新書より

現代世界

岩波新書より

ネイティブ・アメリカン　鎌田　遵
アフリカ・レポート　松本仁一
ヴェトナム新時代　坪井善明
ルポ 貧困大国アメリカ　堤　未果
エビと日本人Ⅱ　村井吉敬
欧州連合 統治の論理とゆくえ　庄司克宏
いま平和とは　最上敏樹
サウジアラビア　保坂修司
中国激流 13億のゆくえ　興梠一郎
多民族国家 中国　王　柯
ヨーロッパとイスラーム　内藤正典
多文化世界　青木　保
デモクラシーの帝国　藤原帰一
パレスチナ〔新版〕◆　広河隆一
人道的介入　最上敏樹
異文化理解　青木　保
ロシア市民　中村逸郎
南アフリカ「虹の国」への歩み　峯　陽一

ビルマ「発展」のなかの人びと　田辺寿夫
東南アジアを知る　鶴見良行
獄中19年　徐　勝
チェルノブイリ報告　広河隆一
エビと日本人　村井吉敬
バナナと日本人　鶴見良行
アフリカの神話的世界　山口昌男
韓国からの通信　T・K生 「世界」編集部編
この世界の片隅で◆　山代　巴編

岩波新書/最新刊から

2023 **表現の自由**
「政治的中立性」を問う
市川正人 著
本書は、「政治的中立性」という曖昧な概念を理由に人々の表現活動を制限することの危険性を説くものである。

2024 **戦争ミュージアム**
―記憶の回路をつなぐ―
梯久美子 著
戦争の記録と記憶を継ぐ各地の平和のための博物館を訪ね、土地の歴史を探り、人びとの語りを伝える。いまと地続きの過去への旅。

2025 **記憶の深層**
―〈ひらめき〉はどこから来るのか―
高橋雅延 著
記憶のしくみを深く知り、上手に活かせば答えはひらめく。科学的エビデンスにもとづく記憶法と学習法のヒントを伝授する。

2026 **あいまいさに耐える**
―ネガティブ・リテラシーのすすめ―
佐藤卓己 著
二〇一〇年代以降の情動社会化を回顧し、ファスト政治ではない、輿論主義(デモクラシー)のための「消極的な読み書き能力」を説く。

2027 **サステナビリティの経済哲学**
松島斉 著
宇沢弘文を継ぐゲーム理論と情報の経済学の大家が「新しい資本主義」と「新しい社会主義」というシステム構想を披露する。

2028 **介護格差**
結城康博 著
介護は突然やってくる! いざというときに困らないために何が鍵となるのか。迫りくる「2025年問題」の全課題をわかり易く説く。

2029 **新自由主義と教育改革**
大阪から問う
髙田一宏 著
競争原理や成果主義による新自由主義の教育改革。国内外で見直しも進むなか、勢いを増す維新の改革は何をもたらしているのか。

2030 **朝鮮民衆の社会史**
―現代韓国の源流を探る―
趙景達 著
歴史の基底には多様な信仰、祭礼、文化が根づいている。日常と抗争のはざまを生きる力弱い人々が社会を動かしていく道程を描く。

(2024.9)